핵심복음제자훈련 1
당신을 향한 예수님의 사랑
구원의 핵심

김완섭 목사

기독교신앙회복연구소

김완섭 목사
주님의새소망교회 담임목사
기독교신앙회복연구소 대표
국토순례전도단 단장
한국오카리나박물관 관장
백석대학교 신학대학원
저서 :
그리스도인의 개혁 : 출발점 · 워크북
그리스도인의 회복 : 정체성 · 워크북
그리스도인의 성화 : 두번째만남 · 워크북
복음소책자 1-6권
예수님동행훈련 1-3권
나만의성경책 1-2권 외 다수

핵심복음 제자훈련 **1**
구원의 핵심

초판 1쇄 인쇄 : 2020. 9. 20.
초판 1쇄 발행 : 2020. 9. 25.
펴 낸 곳 : 기독교신앙회복연구소
지 은 이 : 김완섭
펴 낸 이 : 오복희
본문디자인 : 구본일
표지디자인 : 이순옥
등록번호 : 제2018-000044호
등록일자 : 2018년 4월 12일
서울특별시 송파구 마천로 100 C동 402호(오금동)
편 집 부 : 010-6214-1361
관 리 부 : 010-8339-1192
팩　　 스 : 02-3402-1112
이메일 : whdkfk9312@naver.com
총　　 판 : 소망사(031-977-4232)

ISBN 979-11-89787-15-8 04230
ISBN 979-11-89787-14-1 (세트)

한 권 값 **6,000**원

무단전제와 복제를 금합니다.

머리말

　　오늘날 구원의 복음은 너무나도 쉽게 제공되는 경향이 있습니다. 짧은 문서를 제시하거나 간략한 복음을 들려주고 영접하면 구원받게 된다고 가르칩니다. 물론 그렇게 얻어진 복음도 분명히 구원의 능력을 가질 수 있습니다. 수긍하고 받아들이는 것도 성령님의 역사일 수 있기 때문입니다. 하지만 복음에 대해 거의 모르는 채 그렇게 받아들였을 때 육신의 갓난아기처럼 영적인 인식 자체가 존재하지 않는 것일 수 있습니다. 이 책은 그런 점을 많이 보완하여 처음부터 제대로 알고 바르게 신앙생활을 할 수 있도록 돕기 위해 개발되었습니다.

　특히 강조하고자 하는 점들은 하나님과의 관계성 속에서 신앙을 가질 수 있도록 비교적 폭넓은 내용을 이해하기 쉽도록 전개하기 위해 노력했다는 점입니다. 우선 자기 자신의 영적인 위치를 알게 하고 예수님이 누구신가, 어떤 일을 하셨으며 지금은 무슨 일을 하시는가를 알도록 했습니다. 예수님이 누구신지 뚜렷한 개념도 없이 믿는다고 할 수는 없기 때문입니다. 그리고 하나님으로부터 비롯되는 구원의 원리를 설명한 상태에서 예수님을 영접할 수 있도록 안내했습니다. 그러고 나서 예수님과의 관계를 깨달아 알도록 했으며, 마지막에는 실제로 신앙생활의 중심이 되어야 하는 교회의 기능과 역할에 관하여 설명했습니다. 실제로 예수님을 믿을 때 펼쳐질 수 있는 과정들을 실천적으로 제시해놓았습니다.

　이 핵심복음제자훈련 시리즈는 본 기독교신앙회복연구소에서 발간

한 '복음소책자' 시리즈의 실천편입니다. 이 제자훈련의 특징은 신앙생활의 가장 핵심적인 부분을 깨우치도록 만들어졌을 뿐 아니라 실제 훈련에서도 가장 효과적으로 진행될 수 있도록 기획되었습니다. 그것은 '복음소책자'를 자료로 해서 문제를 풀어오는 것으로부터 제자훈련이 시작되도록 했다는 것입니다. 그러니까 본 제자훈련의 내용을 미리 파악한 상태에서 만남이 이루어지고 그 상태에서 서로 의견교환이나 토론 등을 통하여 완전히 자기의 것으로 소화할 수 있도록 기획되었습니다. 그러므로 제자훈련은 '복음소책자'와 본 제자훈련 교재를 동시에 가지고 훈련에 들어가야 가장 큰 효과를 이룰 수 있는 것입니다.

본 제자훈련 제1권 『구원의 핵심』은 '복음소책자' 1권 『당신을 향한 예수님의 사랑』을 기본으로 구성했습니다. 먼저 복음소책자의 해당부분을 파악하고 그것을 자료로 하여 제자훈련의 질문에 대한 답을 만들고 함께 모여 지도자의 인도를 따라 서로의 견해나 의견을 숨김없이 서로 나누는 시간이 필요합니다. 그렇게 함으로써 복음의 구체적인 내용이 성도 여러분의 것으로 확실하게 만들어질 수 있는 것입니다. 가르치고 강의하는 제자훈련이 아니라 지금 현재의 자기 생각을 가감 없이 털어놓고 의견을 나누면서 효과적인 훈련이 이루어지도록 한 것입니다.

이 제자훈련 교재를 통하여 생각이 변화되고 신앙의식의 수준이 높아져서 주님께서 필요로 하시는 성도의 상을 만들어갈 수 있기를 소망합니다. 그 과정에서 성령님의 강력한 도우심으로 말미암아 바람직한 신앙을 세워나갈 수 있을 것입니다. 한국교회에 반드시 필요한 헌신이 될 줄 믿습니다.

차 례

머리말 _ 3

제1과
당신은 누구입니까? _ 7

제2과
예수님은 어떤 분이실까요? _ 15

제3과
예수님은 무슨 일을 하셨을까요? _ 23

제4과
예수님은 지금 무엇을 하고 계실까요? _ 31

제5과
예수님을 믿으면 어떤 일이 일어날까요? _ 39

제6과
왜 꼭 예수님만 믿어야 합니까? _ 47

제7과

기독교와 타종교는 어떻게 다르죠? _ 57

제8과

기독교 신앙의 핵심은 무엇입니까? _ 65

제9과

구원에는 어떤 과정이 있을까요? _ 75

제10과

이제 예수님과 어떤 관계입니까? _ 83

제11과

교회란 어떤 곳일까요? _ 91

제12과

교회에서는 어떤 일을 할까요? _ 101

제 1 과
당신은 누구입니까?

　　기독교신앙은 우선 자기 자신이 누구인가를 아는 것으로부터 출발합니다. 왜냐하면 하나님은 언제 어디에서나 항상 계시고, 사람은 그 하나님을 어떻게 보느냐에 따라 어떤 사람인지가 결정되기 때문입니다. 사람들은 자신의 원래의 아름다운 모습을 기억하지 못합니다. 하나님께서 사람을 창조하실 때 어떤 존재로 만드셨겠습니까? 당연히 하나님이 보시기에 아름답고 완전하고 사랑으로 넘치며 항상 행복한 존재로 만들지 않으셨겠습니까? 전능하신 하나님께서 사람을 불완전하게 만들지는 않았을 것입니다. 하나님은 당신도 가장 완전하고 아름답게 만드셨습니다.

　　이 책은 당신의 가장 완벽하고 아름다운 모습을 찾아드리기 위해 기획되었습니다. 당신이 주체가 되어 잃어버린 것은 아니지만 원래 태어날 때부터 가지고 있지 못했던 그 온전함, 대개의 사람들은 그냥 잃어버린 채 일생을 살다가 가지만 반드시 회복할 수 있는 그 완전함은 사람이 반드시 되찾아야 하는 부분입니다. 그것은 사람의 힘과 능력으로는 불가능한 완전함입니다. 이제 당신의 원래 모습, 채워진 후의 행복해진 모습, 축복으로 가득한 미래의 당신의 모습들을 함께 살펴보고자 합니다. 그런 모습들은 예수님의 도우심으로 인해 비로소 가능해질 것입니다. 그리고 원래의 당신의 모습을 누릴 수 있게 될 것입니다.

1. 하나님의 지으심을 받은 사람

우선 당신은 우리가 창조주 여호와 하나님에 의해 지음 받은 존재라는 사실을 알아야 할 것입니다. 하나님은 사람을 완전한 존재로 만드시고 주실 수 있는 모든 복을 다 주셨습니다.

> "하나님이 자기 형상 곧 하나님의 형상대로 사람을 창조하시되 남자와 여자를 창조하시고 하나님이 그들에게 복을 주시며 하나님이 그들에게 이르시되 생육하고 번성하여 땅에 충만하라, 땅을 정복하라, 바다의 물고기와 하늘의 새와 땅에 움직이는 모든 생물을 다스리라 하시니라"(창 1:27-28)

1 당신은 누구의 형상을 닮은 존재로 태어났습니까?

2 하나님은 당신에게 이 땅에서 어떤 존재가 될 수 있도록 복을 주셨습니까?

3 하나님은 당신에게 자연과 어떤 관계가 될 수 있도록 창조하셨습니까?

2. 세상의 모든 복을 받을 사람

하나님은 당신에게 복을 주시되 하나님께서 진정으로 기뻐하실 복, 곧 잠시 있다가 사라져버릴 복이 아니라 영원토록 누릴 수 있는 복을 주셨습니다. 이 복의 주인공은 바로 당신입니다.

> "복 있는 사람은 악인들의 꾀를 따르지 아니하며 죄인들의 길에 서지 아니하며 오만한 자들의 자리에 앉지 아니하고 오직 여호와의 율법을 즐거워하여 그의 율법을 주야로 묵상하는도다 그는 시냇가에 심은 나무가 철을 따라 열매를 맺으며 그 잎사귀가 마르지 아니함 같으니 그가 하는 모든 일이 다 형통하리로다"(시 1:1-3)

1 복 있는 사람이 쳐다보지도 않고 취하지도 않을 헛된 길은 어떤 길입니까?

2 진정으로 복 있는 사람들이 날마다 듣고 기쁘게 순종해야 할 길은 어떤 길입니까?

3 그 결과 복 있는 사람에게는 어떤 삶이 뒤따르게 만들어 주십니까?

3. 하나님께서 의인으로 부르실 사람

하나님께서 당신을 의인으로 부르십니다. 의인이란 하나님의 의를 받아들임으로써 하나님으로부터 죄 없다 하심을 받은 사람을 뜻합니다. 당신은 하나님으로부터 깨끗함을 받을 사람입니다.

> "의인은 종려나무 같이 번성하며 레바논의 백향목 같이 성장하리로다 이는 여호와의 집에 심겼음이여 우리 하나님의 뜰 안에서 번성하리로다 그는 늙어도 여전히 결실하며 진액이 풍족하고 빛이 청청하니 여호와의 정직하심과 나의 바위 되심과 그에게는 불의가 없음이 선포되리로다"(시 92:12-15)

1 하나님께서 당신에게 주실 복은 마치 무엇과 같은 번성과 성장입니까?

2 당신이 번성과 성장의 복을 받을 사람이 될 수 있는 근거는 무엇입니까?

3 하나님께서 당신에게 주실 복은 얼마나 지속적인 복이 되겠습니까?

4. 하나님의 사랑을 잃어버린 사람

하지만 이런 완전한 복은 아직은 당신의 모습이 아닙니다. 왜냐하면 이런 복을 잃어버렸기 때문입니다. 왜, 무엇을, 어떻게 잃어버렸는지를 알아야 비로소 참된 복의 주인공이 될 수 있습니다.

> "아담에게 이르시되 네가 네 아내의 말을 듣고 내가 네게 먹지 말라 한 나무의 열매를 먹었은즉 땅은 너로 말미암아 저주를 받고 너는 네 평생에 수고하여야 그 소산을 먹으리라 땅이 네게 가시덤불과 엉겅퀴를 낼 것이라 네가 먹을 것은 밭의 채소인즉 네가 흙으로 돌아갈 때까지 얼굴에 땀을 흘려야 먹을 것을 먹으리니 네가 그것에서 취함을 입었음이라 너는 흙이니 흙으로 돌아갈 것이니라 하시니라"(창 3:17-19)

1 최초의 인간은 하나님께 어떤 죄를 지었습니까? (창 3:6)

2 아담과 하와는 어떤 벌을 받았습니까? (창 3:23)

3 하나님의 사랑을 잃어버린 사람들은 어떤 삶을 살게 되었습니까? (창 6:5-6)

5. 하나님께서 찾으시는 사람

그렇게 하나님의 사랑을 잃어버리고 관계가 단절된 채로 살 수밖에 없게 된 사람들에게 하나님은 아주 기쁜 소식을 전하시게 되었습니다. 당신에게도 놀라운 기쁨의 소식입니다.

> "우리 주 예수 그리스도의 아버지 하나님을 찬송하리로다 그의 많으신 긍휼대로 예수 그리스도를 죽은 자 가운데서 부활하게 하심으로 말미암아 우리를 거듭나게 하사 산 소망이 있게 하시며 썩지 않고 더럽지 않고 쇠하지 아니하는 유업을 잇게 하시나니 곧 너희를 위하여 하늘에 간직하신 것이라"(벧전 1:3-4)

1 하나님께서는 하나님의 사랑을 잃어버리고 죄 가운데 죽어가는 사람들을 위해 어떤 일을 일으키셨습니까?

2 그것이 왜 하나님의 복을 받아 누릴 당신에게 반드시 필요한 일이겠습니까?

3 하나님은 당신에게 영원한 복을 주시기 위해 어떻게 당신을 찾고 계십니까? (마 18:12-13)

6. 당신은 어떤 사람입니까?

이제 스스로 당신 자신이 어떤 사람인지 대답해보십시오. 당신은 악한 사람일 수도 선한 사람일 수도 있습니다. 그러나 중요한 것은 당신의 가장 복된 모습을 회복해야 한다는 것입니다. 사실 인간은 보다 선하거나 보다 악한 존재이겠지만 그것을 결정하는 것은 어떤 인간에게나 강한 영향력을 끼치는 죄일 것입니다. 죄에는 인간에 대한 죄와 하나님께 대한 죄가 있습니다. 인간은 우선 하나님께 대한 죄의 문제를 해결함으로써 잃어버렸던 하나님의 사랑을 회복하고 세상에서 가장 복된 존재로 변화될 수 있는 것입니다.

1 당신은 지금 얼마나 행복한 사람입니까?

2 당신은 지금 얼마나 불행한 사람입니까?

3 당신은 하나님이 필요한 사람입니다. 어떤 부분에서 하나님을 가장 필요로 하고 계십니까?

사랑의 하나님. 오늘 처음으로 믿음에 관해서 생각해보는 시간을 가졌습니다. 그리고 그것은 제가 과연 어떤 존재인가에 대한 질문과 함께 어떻게 더 나은 사람이 될 수 있고 허무하지 않고 진정으로 가치 있는 삶을 어떻게 살 수 있는가에 대한 내용이기도 했습니다. 아직은 뚜렷한 해답을 가지게 된 것은 아닙니다. 다만 제가 지금보다 훨씬 가치 있고 행복한 사람이 될 가능성이 있다는 점은 깨달았습니다. 제가 지금 불행을 더 많이 느끼고 있다면 더욱 하나님이 필요할 것이고, 제가 만약에 행복함이 더 많은 사람이라고 할지라도 여전히 하나님 보시기에는 부족한 존재라는 사실을 깨달았습니다. 결국 하나님 안에 들어가야 진정 사람다운 사람이 되리라는 말씀이 아니겠습니까?

하나님, 이제 기독교에서 말하는 복음에 대해서 살펴보려고 합니다. 무엇이 수많은 사람들로 하여금 예수님을 믿고 교회에 다니게 만드는지를 살펴보고 싶습니다. 그리고 무엇보다 제가 그것을 믿을 수 있기를 원합니다. 아무리 깊은 진리라고 해도 제가 못 받아들인다면 아무 소용이 없는 것이 아니겠습니까? 그러므로 기독교의 진리를 정확하게 바라볼 수 있기를 원합니다. 제가 강한 편견을 가지고 있었다면 그것을 깨뜨려 주시고, 오해하고 있는 부분이 있다면 논리적으로 잘 풀어서 이해할 수 있도록 도와주시옵소서. 저도 더 나은 사람으로 변화되기를 원하오니 저를 도와주옵소서. 예수 그리스도의 이름으로 기도드립니다. 아멘.

제 2 과
예수님은 어떤 분이실까요?

　　수많은 종교들이 있지만 그 믿음의 대상이 전부 다릅니다. 때로는 같은 대상을 놓고도 해석하기에 따라 전혀 다른 대상으로 만들기도 합니다. 기독교는 여호와 하나님과 예수님을 믿는 종교입니다. 아니, 종교이기 이전에 창조주 하나님을 섬기는 '진리'입니다. 왜냐하면 이 세상을 창조하신 분은 여호와 하나님 한 분뿐이고 그 하나님을 믿는다는 것은 단 하나의 진리를 믿는 것이기 때문입니다. 그러므로 예수님을 믿는 것이 영원한 단 하나의 진리를 소유하는 것이 되는 것입니다.

　　그러면 기독교에서 신앙을 고백하는 그 예수님은 누구이신가요? 아직 하나님을 믿지 않는 분들은 예수님에 대해 굉장히 많은 오해를 하고 있습니다. 물론 예수님을 단지 뛰어난 한 사람으로만 본다면 오해할 수밖에 없습니다만, 만약에 예수님을 사람으로 본다면 거기에 신앙이 존재할 수 있겠습니까? 여러 사람 중에 뛰어난 한 사람이라면 그 사람의 사상이나 업적이나 인격을 추앙하고 따를 수는 있겠지만 그 사람을 구원자로 믿을 수는 없습니다. 그러나 예수님은 여러 성인 중 한 분이 아니라 인간의 구원자로 우리에게 다가오셨습니다. 그러면 구체적으로 예수님은 과연 누구이실까요?

1. 예수님은 그리스도이십니다.

예수님을 선지자로, 위인으로, 사상가로, 혁명가로 생각하는 사람이 많지만 예수님의 가장 본질적인 신분은 하나님이시면서 인자(人子, 사람의 아들)이십니다. 곧 메시아이십니다.

1 헬라어 그리스도(Christos)란 어떤 뜻입니까?

2 기독교의 가장 기본적이고 핵심적인 원리는 무엇입니까?

3 그리스도라는 고백을 최초로 한 사람은 누구였습니까? (마 16:15-16)

4 만약에 예수님이 그리스도가 아니시라면 우리 신앙인들에게 어떤 의미가 있겠습니까?

2. 예수님은 하나님의 아들이십니다.

예수님이 하나님의 아들이라는 말은 인간의 아버지와 아들과 같은 관계라는 말은 아닙니다. 예수님은 하나님의 본질, 목적, 성품 면에서 동등하시면서 각각의 기능을 감당하고 계십니다.

1 예수님을 아들이라고 먼저 말씀하신 분은 누구이셨습니까? (마 17:55)

2 예수님도 하나님이 자신의 아버지 되심을 어떻게 소개하셨습니까? (요 5:17)

3 유대인들이 예수님을 죽이려고 하는 결정적인 이유는 무엇이었습니까? (요 5:18)

4 하나님의 아들이신 예수님은 모든 사역을 어떻게 감당하셨습니까? (요 5:19)

3. 예수님은 창조의 주인이십니다.

예수님은 창조주 하나님의 아들이십니다. 창세기에 보면 하나님은 스스로를 복수로 말씀하십니다(창 1:26). 이것은 천지를 창조하실 때 하나님과 예수님과 성령님이 함께 하신 것을 뜻합니다.

1 요한은 예수님이 하나님과 함께 세상을 창조하신 것을 어떻게 말하고 있습니까? (요 1:2-3)

2 극히 단편적인 증거이지만 예수님께서 만물을 창조하시고 다스리신다는 증거는 언제 나타났습니까? (마 8:26-27)

3 더 나아가 예수님이 자연을 다스리실 뿐 아니라 자연의 법칙조차 거스를 때가 있었습니다. 언제였습니까? (마 14:25)

4 예수님은 창조주이시기 때문에 사람의 생명도 여러 번 살리셨습니다. 대표적으로 누구를 살리셨습니까? (요 11:41-44)

4. 예수님은 생명의 주인이십니다.

기독교의 본질은 생명입니다. 다른 종교에는 생명이 없습니다. 오직 하나님께서만 생명을 창조하셨기 때문입니다. 하나님께서 가지고 계신 생명을 예수님께도 주시고 그 속에 있게 하셨습니다.

1 심판이 아니라 영생을, 사망이 아니라 생명을 얻을 수 있는 비결은 무엇입니까? (요 5:24)

2 그렇다면 이 영생, 생명을 얻을 수 있는 다른 길은 없겠습니까? (요 14:6)

3 하지만 우리가 생명을 얻기 위해 왜 예수님만을 믿어야 하겠습니까? (사 53:5)

4 기독교인의 삶의 표상인 사도 바울은 무엇 때문에 생명을 조금도 아끼지 않았습니까? (행 20:24)

5. 예수님은 부활의 주인이십니다.

부활이란 죽음을 이기는 것입니다. 예수님께서 죽음을 정복하지 못하셨다면 인간의 진정한 구원은 있을 수 없습니다. 예수님의 부활로 말미암아 죄 사함 받고 거듭나서 천국으로 가는 것입니다.

1 예수님의 부활에 대해 예수님 자신은 어떻게 말씀하셨습니까? (마 20:19)

2 예수님의 부활에 대해 그 당시 얼마나 많은 증인들이 있었습니까? (고전 15:4-6)

3 예수님의 육체의 부활을 믿는 사람들에게 하나님은 어떤 복을 주십니까? (요 11:25-26)

4 예수님은 인간의 부활도 말씀하셨습니다. 최후에는 사람들이 어떻게 나누어지겠습니까? (요 5:28-29)

6. 당신에게 예수님이 필요합니까?

사람은 누구나 절대자를 필요로 하는 존재입니다. 왜냐하면 어떤 절대자에 의해 만들어진 존재가 인간이기 때문입니다. 이것을 우리는 종교심이라고 말합니다. 그런데 문제는 그 절대자가 누구이며 어디에 있는가 하는 점입니다. 기독교에서는 이 절대자를 여호와 하나님이라고 가르치고 있습니다. 그리고 타락하여 죄의 종이 되어버린 인간을 구원하기 위해 하나님께서 아들 되시는 예수님을 이 땅에 내려 보내신 것입니다. 그러므로 예수님이 이 절대자이십니다. 세상에서는 예수님을 성인 중 한 분으로, 위인으로, 혁명가로, 선지자로, 사상가로 평가하기도 하지만 예수님이 절대자이심으로 말미암아 인류에게 구원이라는 선물이 주어진 것입니다.

1 당신은 지금 현재 예수님을 누구라고 생각하고 있습니까?

2 당신에게 예수님이 필요할 때가 있었습니까? 그것은 언제, 어떤 상황에서였습니까?

마무리 기도

　　사랑이 많으신 하나님, 참으로 감사드립니다. 이 세상에 독생자 예수님을 보내주셔서 인간의 죄를 씻을 수 있는 길을 열어주시고, 성령님으로 하여금 역사하셔서 사람들이 예수님을 믿고 구원에 이를 수 있도록 감동을 주시니 진정으로 감사드립니다. 우리가 교육이나 훈련으로는 결코 깨달을 수 없는 구원의 도리를 깨닫게 해 주시고, 아무 것도 한 일이 없는데도 오직 믿음으로만 구원받을 수 있게 해 주시니 또한 감사드립니다. 우리 주변의 모든 사람들이 예수님을 믿고 구원을 얻어 천국백성이 될 수 있기를 간절히 기도드립니다.

　　하나님 아버지, 오늘 예수님이 누구신가에 대해서 잠시 살펴보았습니다. '예수'라는 이름은 많이 들어보았지만, 그리고 많은 사람들로부터 예수 믿으라는 말은 많이 들어보았지만 아직까지 예수님에 대해서 구체적으로 알아보지는 못했습니다. 오늘 이렇게 예수님이 누구신가에 관해서 깊이 살펴볼 수 있도록 허락하시니 감사드립니다. 아직은 구체적으로 예수님을 전체적으로 확실하게 알기가 쉽지 않지만, 그래서 이해하고 받아들일 수 있도록 하나님께서 감동을 주시기를 원합니다. 앞으로도 예수님에 관해서 더욱 깊이 깨닫고 받아들일 수 있도록 도와주시옵소서.

　　우리를 위하여 십자가에서 희생해주신 예수 그리스도의 이름으로 기도드립니다. 아멘.

제 3 과
예수님은 무슨 일을 하셨을까요?

　　　　예수님의 신분적인 정체성을 깨달았으면 이제는 예수님께서 무슨 일을 하셨는지를 생각해야 합니다. 그래야 2,000여 년 전에 부활승천하신 예수님이 현대사회를 살아가는 우리와 무슨 관련이 있는지를 확실하게 이해할 수 있지 않겠습니까? 중요한 것은 과거에 이스라엘 땅에서 행하셨던 많은 일들이 오늘날 현대사회 가운데에서도 여전히 일어나고 있다는 사실입니다. 그것은 예수님께서 지금도 살아계신다는 확실한 증거가 되는 것입니다. 기독교는 죽은 예수님의 교리를 따라가는 것이 아니라 살아계신 예수님과 교통하면서 예수님의 보호와 인도 가운데 살고 있다는 것입니다.

　예수님께서 3년 동안 행하신 가장 핵심적인 일은 무엇이었을까요? 그리고 사람들을 위해 가장 자주 일하신 내용은 무엇이었을까요? 또한 그 수많은 기적들을 일으키신 목적은 과연 무엇이었을까요? 겉으로 드러나 보이는 도우심이나 환자를 고치시는 일이나 자연을 다스리심을 보여주신 근본적인 동기는 무엇이었을까요? 짧은 내용으로 다 파악할 수는 없지만 우리는 예수님의 행적의 원리에 대해서는 이해하고 있어야 합니다. 예수님의 모든 언행은 전부 사람들로 하여금 구원을 얻게 하시기 위함이었습니다.

1. 천국복음을 전파하셨습니다.

예수님께서 이 땅에 오신 가장 큰 목적은 사람들로 하여금 예수님을 믿게 하시고 구원을 베푸심으로써 저 영원한 천국백성들로 만드는 것입니다. 그러므로 사람들에게 천국을 전파하신 것입니다.

1 예수님께서 세상에 오셔서 가장 중심적으로 행하신 일들은 무엇이었습니까? (마 4:23)

2 천국이 모든 사람에게 깨달아지는 것은 아닙니다. 천국을 깨달은 사람은 어떤 태도를 보이겠습니까? (마 13:44)

3 심지어 예수님은 십자가에서 죽으셨다가 사흘 만에 부활하신 후에도 주로 어떤 일을 하셨습니까? (행 1:3)

4 예수님께서 부활승천하신 후로부터 지금까지, 그리고 앞으로도 지속적으로 이루어져야 할 일은 무엇입니까? (마 24:14)

2. 사람들의 죄를 용서해주셨습니다.

천국백성이 되는 가장 우선되는 조건은 죄를 사함 받는 일입니다. 천국은 하나님의 나라이기 때문에 죄인은 살 수가 없습니다. 그러므로 예수님은 죄를 용서하는 일을 하신 것입니다.

1 천국백성이 되기 위한, 곧 구원을 얻기 위한 죄 사함을 받으려면 어떻게 하면 됩니까? (행 2:38)

2 예수님은 십자가 이후뿐 아니라 지상에서 일하실 때에도 죄를 사해주셨습니다. 어떤 증거를 보이셨습니까? (마 9:6)

3 겉으로 드러난 것은 아니지만 죄인인 한 여인의 죄를 어떻게 하신다고 선포하셨습니까? (눅 7:48)

4 구약에서 사람들은 죄를 사함 받기 위해 희생제물을 드려왔지만, 예수님은 이 일을 어떻게 완성하셨습니까? (히 9:26)

3. 많은 기적을 베푸셨습니다.

기적이란 자연의 이치를 거스르는 현상입니다. 예수님은 사람들에게 도움을 주시거나 하나님의 살아계심을 증명하기 위해 기적적인 일들을 많이 베푸셨습니다.

1 성경 속의 기적들이 거짓이라면 그것은 신화나 전설로만 남게 되겠지만 기적들이 진실이라면 무엇이 그것을 증명하겠습니까?

2 기적적인 현상들은 모두 무엇을 위하여 허락하신 것입니까? 그런데 사람이 자기 능력을 자랑하면 어떻게 되겠습니까?

3 예수님이 베푸신 여러 기적들 중에서 수많은 사람들에게 큰 유익을 주신 일은 무엇이었습니까? (막 6:41-44)

4 그러나 믿음이 있는 사람이라면 그런 기적이 없어도 더 크고 엄청난 기적을 믿습니다. 어떤 기적입니까? (히 2:14)

4. 사람들의 문제를 해결해 주셨습니다.

예수님은 단지 사람들을 구원하여 천국으로 이끄시는 것뿐만 아니라 3년 동안의 삶을 통하여 하나님나라의 삶의 모습들을 사람들에게 보여주셨습니다. 하나님은 우리 삶의 필요를 채워주십니다.

1 하나님은 보이지 않으시지만 사람들에게 거하심으로써 돕고 계십니다. 하나님은 어떻게 우리를 도우십니까? (시 46:1)

2 생활 속에서 하나님의 도우심을 가장 강하게 받을 수 있는 비결은 무엇입니까? (요 15:7)

3 가장 중요한 것은 죄와 허물로 인한 마음의 방황입니다. 사마리아 여인은 어떻게 이 문제를 해결했습니까? (요 4:28-29)

4 예수님께서 모든 문제를 도와주신 것은 아니었습니다. 인간의 욕심에 근거한 부탁은 어떻게 하셨습니까? (눅 12:13-15)

5. 신앙을 개혁해 주셨습니다.

유대인들은 하나님의 율법을 소유한 유일한 민족이었지만 하나님을 오해하는 부분들이 많이 있어서 오히려 하나님과 멀어져버렸습니다. 예수님은 그것을 지속적으로 깨뜨리셨습니다.

1 현상으로만 보면 다른 모든 종교가 비슷하지만, 특히 기독교에서 오해해서는 안 되는 부분은 무엇입니까? (막 12:27)

2 예수님께서 세리나 죄인들과 함께 하시는 이유는 무엇입니까? 그런데 바리새인들은 왜 비난합니까? (눅 5:30)

3 그리하여 생명 없이 율법(교리와 전통)만을 가르치는 사람들에게 예수님은 무엇이라고 책망하십니까? (마 23:2)

4 예수님께서는 지금도 교회를 개혁하고 계십니다. 잘못하면 어떻게 되고 말겠습니까? (눅 19:45-46)

6. 당신은 예수님의 일을 어떻게 생각하십니까?

우리들 중 누구도 예수님께서 일하시는 모습을 직접 본 사람은 없습니다. 그럼에도 불구하고 기독교인들은 예수님께서 하신 일을 역사적인 진실이라고 믿고 있습니다. 물론 그것은 성령님의 감동으로 하나님을 믿게 된 사람들에게서 나타날 수 있는 현상입니다. 예수님은 일찍이 여러 가지 기적적인 일들을 행하시면서 제자들에게 더 큰 일도 하리라고 하셨습니다(요 14:12). 그리고 실제로 기독교 역사 속에는 엄청나게 놀라운 일들이 많이 있었습니다. 현실 속에서도 그런 일들은 여전히 다양하게 일어나고 있습니다.

1 당신은 예수님께서 베풀어주신 기적들에 대해서 어떻게 생각하고 있습니까?

2 당신은 원수를 사랑하라고 하시는 등 사람의 상식 이상으로 주신 귀한 말씀을 어떻게 받아들이고 있습니까?

아버지 하나님, 이 세상에 예수님을 보내주심을 진심으로 감사드립니다. 그리고 예수님께서 오로지 사람들을 위해서 3년 동안 베풀어주신 모든 일들에 대해서도 깊은 감사를 드립니다. 비록 사람들이 오해하여 하나님을 율법 속에 가두어버리거나 또는 이런 신앙적인 일들을 자기의 유익을 위해서 사용하는 것으로 변질된 면도 많았지만, 그러나 그럼에도 불구하고 예수님의 행적들은 성경을 통하여 오늘날까지 우리들에게 전파되었습니다. 그리하여 구원의 본질인 복음이 변함없이 기독교 성도들을 지배하게 하심을 감사드립니다.

하나님, 그러므로 이 시간 하나님께 간절히 기도드립니다. 오늘 함께 생각해본 예수님의 일들에 관한 내용들이 전부 다 믿어지게 하시고 그런 모든 일들이 전부 우리 자신, 나 자신에게 일어난 일들임을 깨달아 알게 하옵소서. 그리하여 우리로 하여금 예수님을 더욱 확실하게 믿을 수 있게 하시고 예수님의 가르침이 우리 생각을 지배하여 신실한 신앙인의 모습으로 살아갈 수 있도록 도와주옵소서.

감사드리며 우리를 구원하시기 위해 십자가에 돌아가신 예수님의 이름으로 기도드립니다.

제 4 과
예수님은 지금 무엇을 하고 계실까요?

　　　　예수님은 2,000여 년 전에 이스라엘 땅에서 33년을 사시면서 최후의 3년간 많은 은혜를 사람들에게 베푸셨습니다. 그리고 사람들을 대신하여 십자가에서 사형을 당하시고 사흘 만에 부활하셨다가 40일 후에 하늘나라로 올라가셨습니다. 이 예수님을 믿는 것이 기독교 신앙입니다. 그러나 과거의 그 사건들을 믿는 것으로 다 되는 것은 결코 아닙니다. 하늘에 올라가신 예수님은 지금도 살아계셔서 성도들과 교제하고 사람들을 위해 일하고 계시기 때문입니다. 그래서 기독교는 하나님과 인격적으로 만나는 종교라고 하는 것이고, 살아계신 하나님을 절대적으로 신뢰하고 의지하는 종교인 것입니다.

　　예수님은 지금은 어떤 일을 하고 계실까요? 만약에 예수님이 살아계시지 않는다면 기독교가 존재할 수 있겠습니까? 종교로서는 존재할 수 있겠지만 그것은 단지 인간이 만들어낸 껍데기 종교에 불과할 것입니다. 아니면 사상으로 존재하거나 단지 위인으로 존경을 받는 것으로 그칠 것입니다. 그러나 예수님은 지금도 하늘나라에 살아계셔서 이 땅의 백성들을 위하여 여전히 일하고 계십니다. 기독교는 그래서 살아계신 하나님을 섬기는 진리의 종교인 것입니다. 진정으로 살아있는 유일한 종교입니다.

1. 잃어버린 양을 찾고 계십니다.

죄로 말미암아 하나님을 떠나버린 인간은 하나님께서 보시기에 잃어버린 양이 됩니다. 원래 하나님의 양들이기 때문에 하나님께서 다시 찾으시려고 예수님을 보내신 것입니다.

1 예수님은 예수님의 가르치심과 도와주심을 바라고 따라 나온 백성들을 어떻게 보셨습니까? (막 6:34)

2 그래서 예수님은 자신을 무엇으로 설명하셨고 또 무엇을 하는 분으로 소개하셨습니까? (요 10:11)

3 그러므로 선한 목자는 양을 잃어버리면 어떻게 행동할 수밖에 없습니까? (눅 15:4)

4 그렇다면 지금 잃어버린 양인 당신을 위해 예수님은 무엇을 하고 계십니까? (계 3:20)

2. 예수님은 지금 우리와 함께 계십니다.

예수님은 육체적으로는 이미 부활하셔서 하늘로 승천하심으로써 사람들의 곁을 떠나셨습니다. 그러나 예수님이 하늘로 오르신 목적이 따로 있습니다. 모든 인류와 함께 하시기 위해서입니다.

1 원래 예수님의 또 다른 이름은 무엇이었습니까? 그리고 그 뜻은 무엇입니까? (마 1:23)

2 예수님께서 하나님께로 승천하시면서 제자들을 위해 어떤 약속을 하셨습니까? (요 14:16-17)

3 예수님께서 성령을 보내심으로써 예수님을 믿고 거듭난 백성들은 성령님과 어떤 관계가 되었습니까? (고전 3:16)

4 그러므로 예수님은 제자들에게 어떻게 약속하신 것입니까? (마 28:20)

3. 세상의 빛이 되어주고 계십니다.

빛이란 어둠을 비추어 더러움이 드러나게 하고 바른 방향을 제시하며 아름다움을 느끼게 만들어줍니다. 죄악으로 어두워진 심령들을 예수님의 사랑과 말씀으로 비춰주고 계십니다.

1 예수님은 이 세상에 무엇으로 오셨으며 왜 그렇습니까? (요 12:46)

2 그런데 예수님은 제자들을 향하여 누구라고 가르치셨습니까? (마 5:14)

3 그런데 성도가 예수님의 빛을 비추려면 어떻게 해야 한다고 하셨습니까? (마 5:16)

4 예수님은 진리의 빛을 더욱 밝게 비추시기 위해 어떻게 해야 한다고 가르치십니까? (눅 11:35)

4. 기도에 응답하고 계십니다.

성도는 기도를 통하여 하나님과 교통합니다. 물론 기도는 하나님과 성도 사이에 막힌 것이 없어야 합니다. 예수님은 지금도 성도의 기도를 다 들어주시고 응답하고 계십니다.

1 요한계시록에 보면 성도의 기도가 어떻게 예수님께로 올라간다고 했습니까? (계 5:8)

2 예수님의 이름으로 구할 때 들어주시는 목적은 어디에 있습니까? (요 14:13-14)

3 모든 기도에 대해서 누구의 이름으로 응답해주시는 것입니까? (요 16:23)

4 성도들이 드리는 모든 기도에서 전부 응답받는 비결은 무엇입니까? (요 15:7)

5. 평안, 안식을 베풀고 계십니다.

평안은 상황과 관계없이 하나님 앞에서 누리는 평화로운 마음이며, 안식은 주어진 일을 완전하게 마친 후에 누리는 쉼입니다. 예수님께 모든 삶을 맡기면 예수님은 평안과 안식을 베푸십니다.

1 예수님의 죽음 이후에 여자들이 무덤에 찾아왔을 때에 부활하신 예수님은 어떤 말씀을 하셨습니까? (마 28:9)

2 예수님께서 제자들의 심령에 베풀기를 원하시는 평안은 어떤 점이 다릅니까? (요 14:27)

3 쉼(안식)에 대해서는 어떤 조건 아래에서 온전하게 주어질 수 있습니까? (마 11:28-29)

4 이렇게 근심과 두려움을 이기고 평안과 쉼을 누릴 수 있는 이유는 무엇입니까? (요 16:33)

6. 당신은 예수님께 무엇을 원하십니까?

사람들은 저마다 나름대로의 이유를 가지고 예수님을 믿기 시작합니다. 육체의 질병 때문일 수도 있고 마음의 어려움 때문일 수도 있습니다. 죄 때문일 수도 있고 물질 때문일 수도 있고 사업 때문일 수도 있습니다. 그 어떤 이유가 있어서 믿음을 가지게 되었든지 그것은 문제가 아닙니다. 사실상 예수님은 사람들의 문제를 모두 해결해주실 수 있기 때문입니다. 다만 예수님께서 문제를 해결해주시는 목적은 우선 하나님께서 영광을 받으시는 일과 함께 그것을 통하여 하나님을 만나고 회개하고 죄 사함 받아서 천국백성이 되게 하시는 데 있습니다.

1 당신은 예수님을 믿음으로써 가장 먼저 어떤 것을 해결하고 싶습니까?

2 당신은 예수님께서 하시는 일 중에서 어떤 점이 가장 마음에 와 닿습니까?

마무리 기도

하나님, 오늘도 귀한 은혜와 깨달음을 주심을 깊이 감사드립니다. 비록 지식만으로 하나님을 전부 깨달아 알 수는 없지만, 그래서 지금도 살아계신 예수님에 관하여 많이 생각해볼 수 있게 하심을 감사드립니다. 이런 자리에 있는 것이 다 하나님의 은혜인 줄 믿습니다. 오늘 지금 현재 예수님께서 하시는 일에 대하여 생각해보았습니다. 역사적인 실존인물로서의 예수님으로만이 아니라 지금 현재도 살아서 일하시는 예수님에 대해서 상세하게 알아볼 수 있었습니다. 세상이 너무나도 복잡하고 혼란스러워 정말 예수님이 살아계실까 하고 생각할 수도 있습니다. 그러나 하나님, 그것은 우리 인간들이 욕심 때문에 잘못한 것이지 결코 예수님 때문이 아님을 잘 알고 있습니다. 혹시 우리가 잘못한 것이 있으면 깨닫게 하시고 용서해주시옵소서.

아버지 하나님, 오늘 함께 생각해본 내용들을 믿을 수 있도록 성령님으로 감동하여 주옵소서. 비록 아직 믿음이 약하지만 그래도 진리를 믿고 싶습니다. 어느 것이 진리인지 잘 분별이 안 되지만 그래서 예수님의 도움이 필요합니다. 다른 모든 것들과 마찬가지로 믿음에도 본질이 있고 거품이 있는 줄 압니다. 기왕에 믿을 바에는 본질을 더 정확하게 받아들이고 싶습니다. 예수님을 더욱 더 깊이 알 수 있도록 도와주시고 예수님을 진심으로 열심히 믿을 수 있도록 함께 해 주옵소서.

지금도 우리를 도와주시는 예수 그리스도의 이름으로 기도드립니다. 아멘.

제 5 과
예수님을 믿으면 어떤 일이 일어날까요?

중요한 것은 예수님이 누구시고 어떤 일을 하셨고 또 지금 무슨 일을 하고 계시느냐가 아니라 예수님이 나 자신과 무슨 관계인가 하는 점입니다. 이미 마음속에 예수님을 받아들인 사람도 반드시 알아야 하겠지만 아직 받아들이지 못한 사람들에게도 예수님을 믿을 때 자신에게 일어나는 일은 매우 중요할 것입니다. 예수님께서는 모든 사람을 부르시지만 그 부르심에 응답하여 예수님께 나아가는 사람은 소수에 불과합니다. 물론 억지로 믿는다고 해서 믿어지는 것은 아닙니다. 그러나 믿음을 가진 후에 어떤 일이 우리들에게 일어나는지를 알고 믿는 것과 전혀 아무것도 모르는 채 예수님을 믿는 것에는 상당한 차이가 있음을 또한 알아야 합니다.

예수님을 믿으면 우선 신분의 변화가 일어납니다. 그것은 하나님과의 관계의 변화를 의미합니다. 그리고 심령이 완전히 변화됩니다. 허무한 데에서 진리로 나아가게 됩니다. 삶의 목적이 달라집니다. 이 세상에서의 삶으로 마무리되는 것이 아니기 때문입니다. 죄와의 관계도 달라집니다. 인간의 죄로 인하여 하나님과의 관계가 단절되었기 때문에 죄와의 관계설정은 대단히 중요합니다. 그리고 삶의 태도가 달라집니다. 예수님의 도우심으로 세상의 삶에서 승리할 수 있게 되는 것입니다. 예수님을 믿으면 존재 자체가 완전히 달라집니다.

1. 하나님의 자녀가 됩니다.

예수님을 믿을 때 가장 먼저 나타나는 현상은 하나님의 자녀가 된다는 것입니다. 마치 아버지의 호적에 출생신고를 하는 것과 같이 하나님 아버지의 자녀로 신분이 변화되는 것입니다.

1 요한은 예수님을 믿을 때 하나님의 자녀가 되는 권세를 주신 것이라고 했는데 그 이유는 무엇입니까? (요 1:12-13)

2 자기 죄를 회개하고 예수님을 믿게 되는 현상을 무엇이라고 하며 이 때 어떤 일이 일어나게 됩니까? (요 3:3)

3 하나님의 자녀라도 지금은 육체를 가지고 살고 있습니다. 하나님의 자녀는 어떤 믿음을 가지게 됩니까? (요일 3:2)

4 하나님의 자녀가 모두 천국으로 가게 되는 것은 무엇 때문입니까? (엡 3:6)

2. 구원과 영생을 얻게 됩니다.

예수님은 이 땅에 오셔서 많은 일들을 하셨지만 그 모든 일들의 목적은 단 하나였습니다. 그것은 세상 사람들로 하여금 구원과 영생에 이르도록 하는 것입니다.

1 요한은 구원을 무엇이라고 설명하고 있습니까? (요 3:16)

2 그러면 왜 인간이 멸망하게 되며 구원은 어떻게 얻는 것입니까? (롬 6:23)

3 그렇다고 해도 왜 꼭 예수님을 믿어야 구원을 얻을 수 있는 것입니까? (행 4:12)

4 진정으로 예수님을 주인으로 영접하고 믿어 구원에 이르게 되면 그것이 취소될 수도 있습니까? (요 10:28)

3. 죄에서 자유를 얻게 됩니다.

예수님은 진리가 우리를 자유롭게 한다(요 8:32)고 하셨습니다. 진리는 예수님을 통해 인간에게 구원이 주어지는 복음입니다. 복음을 받아들이면 죄의 구속으로부터 벗어나 자유를 누리게 됩니다.

1 인간은 누구나 죄를 짓고 삽니다. 그것을 무엇이라고 부릅니까? (요 8:34-35)

2 그러면 어떻게 죄의 종의 상태에서 해방시켜 주게 됩니까? (롬 8:2)

3 죄의 종에서 해방되어 자유롭게 되기 위해서 예수님을 믿어야 하는데 어떻게 그것이 가능합니까? (고후 5:14)

4 그렇게 죄와 죽음의 종에서 해방되어 자유를 얻는다는 말은 어떤 뜻입니까? (롬 8:21)

4. 성령님이 내주하시게 됩니다.

예수님은 앞으로 일어날 일들에 대해서 말씀해주셨습니다. 그 중에는 예수님께서 부활승천하신 이후에 보혜사(돕는 분) 성령님을 보내셔서 성도들을 돕게 하시겠다는 말씀도 있었습니다.

1 성령님은 언제 이 세상에 오셔서 일하기 시작하셨습니까? (행 2:1-4)

2 그 이후로 성령님은 언제 각 사람에게 임하시게 됩니까? (행 2:38)

3 성도들에게 임하시는 성령님은 어떤 모습으로 나타나시게 됩니까? (고전 12:9-10)

4 성령님은 겉으로 드러난 각종 능력(은사) 외에 성도를 어떻게 변화시키십니까? (갈 5:22-23)

5. 세상에서 승리자가 됩니다.

세상에서의 승리는 성공이나 번영을 뜻하는 것이 아니라 예수님을 믿음으로써 세상적인 목적이나 가치를 뛰어넘는 것을 말합니다. 오직 믿음만이 세상의 썩어질 것들을 이길 수 있습니다.

1 예수님은 그 당시 바리새인들과 로마를 어떻게 이기셨습니까? (골 2:15)

2 세상을 물질이나 힘으로 이길 필요는 없습니다. 성도는 무엇으로 세상을 이길 수 있습니까? (요일 5:4)

3 성도가 믿음 안에서 세상을 이길 수 있는 방법은 무엇입니까? (롬 12:21)

4 끝까지 이긴 성도들에게는 천국에서 무엇을 허락하십니까? (계 2:7)

6. 당신에게는 예수님이 얼마나 필요하십니까?

예수님을 믿는다고 해서 지금 당장 갑자기 육체가 변하거나 머리가 확 좋아지거나 하는 것은 아닙니다. 물론 질병이 깨끗하게 물러간다거나 꽉 막힌 문제가 해결될 수는 있습니다. 하지만 그런 것들은 사람의 몸이나 환경이 변화되는 것입니다. 중요한 것은 사람의 내면이며, 그 중에서도 영혼이 변화되어야 하는 것입니다. 마음이나 생각의 변화만으로는 사람의 구원은 일어날 수 없습니다. 예수님을 믿으면 사람의 영혼 자체가 완전히 변화되는 것입니다. 그리고 영혼의 변화로 말미암아 세상을 이길 수 있게 되는 것입니다.

1 당신은 이상에서 말한 믿음 이후의 변화에 대해서 얼마만큼이나 받아들일 수 있습니까?

2 당신은 예수님을 믿은 후의 변화 중에서 어떤 부분에 가장 관심이 많으십니까?

사랑의 하나님 아버지, 오늘도 하나님께서 베풀어주시는 무한한 은혜에 대하여 함께 생각해보았습니다. 예수 믿는 사람들은 어떻게 해서 그렇게 확신을 가지고 신앙생활을 할 수 있을까 궁금했었는데 오늘 살펴본 내용을 보고 하나님께서 사람을 변화시키시는 것을 알았습니다. 믿음으로 인하여 일어날 수 있는 많은 부분들을 보면서 기독교 신앙은 참 신비하다는 생각을 가져 보았습니다. 겉으로 확실하게 드러나는 것은 아니지만 사람의 심령이 변화되면 이 세상을 쫓아가는 것이 아니라 이 세상과는 전혀 다른 방식으로 살면서 이 세상을 이기는 것을 알았습니다.

아버지, 저도 비록 아직 완전히 믿을 수는 없지만 이 사실들을 확실하게 믿을 수 있도록 도와주시옵소서. 믿을 때에 우리에게 은혜를 주시는 성령님께서 저의 심령 속에 임하셔서 제가 하나님의 자녀 된 것을 믿을 수 있게 하시고 또 저에게 증거를 허락하소서. 믿음이 연약한 저에게 성령님의 은사를 경험할 수 있도록 도와주시고 저의 마음속에서 하나님의 말씀을 잘 깨달을 수 있도록 함께 해 주시옵소서. 그리하여 자꾸 세상적인 방식으로 살려고 하는 저를 도와주심으로써 믿음의 사람으로 살 수 있도록 해 주시옵소서.

우리를 위해 십자가에서 돌아가시고 성령님을 보내주신 예수 그리스도의 이름으로 간절히 기도드립니다. 아멘

제 6 과
왜 꼭 예수님만 믿어야 합니까?

　　기독교 신앙은 이 세상을 창조하신 하나님을 믿고 그 하나님께서 사람을 위해 이 땅에 내려오셔서 십자가에 희생당하심을 통해 인간을 구원하심을 믿는 종교입니다. 그러므로 우리는 하나님께서 사람들에게 열어주신 그 길을 가야만 하나님의 구원에 이를 수 있는 것입니다. 물론 기독교신앙은 자기가 믿고 싶다고 해서 곧바로 믿어지는 것은 아닙니다. 사상이나 학문이나 선행은 자기의지로 할 수 있지만 예수 그리스도로 인한 복음은 마음대로 믿어질 수는 없습니다. 단지 성령님께서 사람의 마음에서 일하셔야만 가능해지는 것이 믿음인 것입니다. 왜냐하면 기독교 신앙은 이치적으로 세상의 논리로 이해가 되는 것이 아니기 때문입니다.

　　여태까지의 내용으로도 설명이 충분하지만 더 명확하게 정리하기 위해 항목별로 살펴보려고 합니다. 항목별로 보기는 하지만 사실상 다 같이 연결되어 있습니다. 진정한 회개가 이루어지면서 죄 사함이 안 될 수는 없고, 죄 사함 받아놓고도 거듭나지 않을 수도 없으며, 거듭난 백성이 천국으로 가지 못하는 일도 있을 수 없습니다. 그러나 우리는 항목별로 자세하게 내용을 짚어보아야 합니다. 그래야 모든 것이 명확해지고 확실한 믿음을 소유할 수 있기 때문입니다.

1. 인간은 반드시 죽기 때문입니다.

왜 인간의 죽음이 반드시 예수님을 믿어야 하는 결론으로 도달하게 될까요? 그것은 죽음의 원인이 어디에 있는가를 살펴보아야 합니다. 원래 인간은 죽도록 만들어지지 않았습니다.

1 하나님께서 에덴동산에서 아담과 하와에게 금지한 것은 무엇이었습니까? (창 2:16-17)

2 그런데 결과적으로 아담과 하와는 순종하지 못했고 하나님께 무엇이라고 대답했습니까? (창 3:12-13)

3 하나님은 아담과 하와를 어떻게 하셨습니까? (창 3:23-24)

4 어떻게 아담과 하와의 죄로 인하여 모든 사람이 죄인이 되고 죽음에 이르게 될 수 있습니까? (롬 5:12)

2. 죽음 이후에는 심판이 있기 때문입니다.

하나님은 아담에게 선악과를 먹으면 죽게 되리라고 하셨지만 그것은 하나님과의 관계가 끊어진 것이었습니다. 그것은 영적 죽음이었습니다. 그리고 육체의 죽음 후에 심판이 기다리게 된 것입니다.

1 영적 죽음과 함께 육체도 이미 심판을 받아 나이 들어 죽게 되면 영은 어떻게 되는 것입니까? (히 9:27)

2 만약에 마음대로 살아도 죽음 이후에 심판이 없다면 하나님은 공평하십니까, 불공평하십니까?

3 최후의 순간이 오면 하나님의 심판은 어떻게 내려집니까? (계 20:13-15)

4 그러나 그 심판을 면할 수 있는 길이 있습니다. 무엇입니까? (요 3:17)

3. 심판받으면 지옥에 가기 때문입니다.

인간은 죄 때문에 반드시 죽게 되며, 죽음 이후에는 심판이 따라옵니다. 그리고 심판을 받으면 지옥에 가게 되어 있습니다. 그러나 하나님의 자녀에게는 심판이 없고 오히려 영접해주십니다.

1 죽음 이후에 천국과 지옥은 반드시 있습니다. 지옥은 어떤 곳입니까? (막 9:48-49)

2 지옥에는 어떤 사람들이 가는 곳입니까? 특별히 죄를 많이 지어야 가는 곳입니까? (롬 5:12)

3 그렇다면 하나님은 사랑이시라는데 왜 지옥을 만드셨습니까? (마 25:41)

4 그러면 사람들이 왜 마귀를 따라갑니까? 그것은 무엇을 뜻하는 것입니까? (히 2:14下)

4. 죄 문제를 해결해야 하기 때문입니다.

이상과 같이 살펴본 대로 육체의 죽음 이후에 심판을 받아 지옥으로 떨어지지 않으려면 마귀의 유혹에 속아 빠졌던 죄에서 벗어나야 합니다. 그 길은 오직 예수님에게서만 찾을 수 있습니다.

1 모든 사람이 죄를 지었기 때문에 그 죄를 해결할 수 있는 길은 무엇이 유일합니까? (골 1:14)

2 그러면 누구도 씻을 수 없는 죄를 어떻게 사함 받을 수 있다는 말입니까? (고후 5:21)

3 결국 죄 사함이란 무엇을 말하는 것입니까? 그 결과로 어떤 것이 주어지겠습니까? (행 3:19)

4 죄 문제를 해결하면 어떤 선물이 주어지고 무엇이 보장됩니까? (행 2:38, 딤후 4:18)

5. 예수님께서 우리를 위해 죽으셨기 때문입니다.

기독교 복음은 세상에서 펼쳐지는 삶의 원리와는 많이 다릅니다. 죄 사함과 구원의 출발점이 예수님의 죽임이기 때문입니다. 하나님을 위해 희생하면 하나님께서 이루어지게 해 주십니다.

1 예수님은 성도들의 죄 사함을 위해서 어떤 일을 하셨습니까? (마 26:28)

2 왜 예수님께서 꼭 피를 흘려 죽으셔야 사람의 죄가 사해집니까? (히 9:12)

3 그렇게 사람의 죄를 대신하시려면 예수님께는 어떤 조건이 필요해지겠습니까? (요일 3:5)

4 예수님께서 죄 없으신 분으로서 죄인인 우리들을 위해 피 흘려 돌아가신 목적은 어디에 있습니까? (벧전 3:18)

6. 구원 받고 천국에 가야 하기 때문입니다.

물론 기독교 신앙을 가지는 가장 근원적인 이유는 구원이며 천국입니다. 세상에서 아무리 큰 복을 받아도 천국에 가지 못한다면 신앙을 가지는 이유가 사라지는 것입니다.

1 천국이란 죄로 인한 죽음과 심판과 어떤 관계가 있습니까? (요 5:24)

2 천국은 무엇으로 거듭난 백성들이 들어갈 수 있는 곳입니까? (요 3:5)

3 천국을 유업으로 받을 수 없는 사람들이 많습니다. 어떤 것으로는 천국에 들어갈 수 없습니까? (고전 15:50)

4 천국이란 마지막 때에 가는 곳이지만 동시에 우리의 삶 가운데 어디에서 누릴 수 있는 것입니까? (눅 17:20)

7. 예수님이 유일한 길이기 때문입니다.

세상에서는 구원의 길이 여러 갈래라고 이야기하는 사람들도 있습니다만, 그것은 이치적으로 맞지 않습니다. 창조주 여호와 하나님의 나라에 가는 길은 오직 예수님으로 인한 길밖에는 없습니다.

1 모든 종교는 스스로가 신이 되려는 것입니다. 그러나 기독교의 복음의 원리는 무엇입니까? (요 1:14)

2 뿐만 아니라 다른 종교에서는 신이 스스로를 희생한 예도 찾을 수 없습니다. 예수님은 어떻게 하셨습니까? (마 1:21)

3 그리하여 예수님께서 스스로를 어떻게 말씀하셨으며 어떤 길이라고 하셨습니까? (요 14:6)

4 구원받아 천국으로 갈 수 있는 오직 한 길, 그것은 무엇입니까? (행 4:12)

8. 왜 꼭 예수님인지 이해가 되셨습니까?

기독교를 배타적인 종교라고 이야기합니다. 다른 종교를 인정하지 못하고 오직 자기들만이 구원받은 사람들이라고 주장한다고 합니다. 기독교는 구원에 관한 한 다른 종교에도 길이 있다는 것을 앞에 살펴본 바와 같이 결코 인정하지 못합니다. 그렇다고 이단이 아닌 한 다른 종교에 대해 공격적인 태도를 취하는 것은 아닙니다. 그런다고 돌이킬 수 있는 것도 아니기 때문입니다. 다만 기독교는 사랑과 섬김과 각양 방식의 복음전파를 통하여 복음을 전할 뿐입니다. 이것을 믿음 없는 사람들이나 타 종교인들이 이해할 수 없을 것입니다만, 기독교인들은 하나님의 사랑을 품고 사람들과 세상을 대하고 있는 것입니다.

1 앞에 살펴본 일곱 가지 사항들에 대하여 당신이 가장 이해할 수 없는 부분은 어떤 것입니까?

2 당신이 가장 쉽게 받아들일 수 있는 부분은 어떤 것입니까?

마무리 기도

　　사랑의 아버지 하나님, 오늘도 여러 부분에서 깨닫게 하시고 더 깊이 알게 해 주심을 감사드립니다. 하나님은 사람의 방식이 아니라 오직 하나님의 방식으로 우리들을 사랑해주시고 피조물인 우리들을 위해 예수님을 이 땅에 보내셨습니다. 그뿐 아니라 하나님은 우리의 죄를 위해 독생자 예수님을 희생시키심으로써 이 세상의 어떤 종교에서도 찾아볼 수 없는 뜨거운 사랑으로 우리를 사랑해주셨습니다. 하나님, 진심으로 감사드립니다. 하지만 하나님, 아직도 이해할 수 없고 선뜻 받아들이기 힘든 부분들이 있는 것 또한 사실입니다. 원하기는 우리가 감정이나 육체적으로 깨달을 수는 없겠지만 그러나 그 사실들을 모두 분명하게 믿을 수 있도록 역사해 주시옵소서.

　　하나님, 그리고 그런 분명한 사실들을 굳게 믿고 우리도 예수님의 뜻을 따라 살아갈 수 있도록 허락해 주시옵소서. 믿음이 약한 우리들의 눈에도 세상은 신앙적으로 살아가기 힘듭니다. 어떻게 사는 것이 하나님께서 기뻐하시는 길인지조차 분별하기 힘든 때도 많이 있습니다. 그러니 오늘 배운 것과 같은 내용들을 더욱 확신하고 그대로 따라갈 수 있기를 바라는 것입니다. 성령님께서 우리들을 인도하시어 참된 신앙인의 길을 갈 수 있도록 해 주시옵소서.

　　깊이 감사드리며, 우리를 구원하신 예수님의 이름으로 간절히 기도드립니다. 아멘.

제 7 과
기독교와 타종교는 어떻게 다르죠?

　　　　기독교 복음은 오직 예수님만을 통해서 인간의 구원이 가능하다는 것입니다. 교리적인 문제뿐 아니라 실체적으로도 기독교 복음의 유일성을 강조하고 있습니다. 하지만 다른 사람들이 생각하는 시각은 기독교인들과는 완전히 다를 수 있습니다. 종교는 어느 것이나 다 비슷한 것이고, 사람들은 자기 취향이나 형편에 따라 선택하여 믿으면 되는 것인데, 왜 기독교만 별나게 자기들에게만 구원이 있다고 주장하느냐고 할 수 있습니다. 일반적인 시각에서 본다면 이런 주장도 일리가 있습니다. 모든 사람들은 이것이 더 논리적이라고 여길 것입니다.

　　그러나 그것은 실체를 모르는 표면적인 견해에 불과할 수밖에 없습니다. 왜냐하면 종교란 기본적으로 영적인 문제를 다루는 것이기 때문입니다. 물론 영적이라고 하면 무속이나 귀신과 관련된 것도 모두 포함하지만 인간의 구원과 관련된 영적 분별력은 전혀 다릅니다. 하나님의 하나님 되심을 어떤 식으로 증명할 수 있겠습니까? 기독교인들은 다 이해할 수 있지만 아직 믿음이 약한 분들은 생각이 다를 수 있으므로 다른 종교들과의 비교를 통하여 기독교의 진리를 드러낼 수밖에 없을 것입니다. 참 종교(진리)는 기독교가 유일합니다.

1. 죄 문제에 대한 능력이 다릅니다.

> • 타종교는 죄 문제를 해결할 길이 없습니다.

1 철학을 하거나 타종교를 믿거나 도를 닦거나 선행을 많이 해도 사람에게 본능적으로 숨어있는 죄를 없앨 수 있습니까?

2 다른 모든 종교는 행위구원을 주장합니다. 하나님께서 행위구원을 인정하지 않으시는 이유는 무엇입니까? (엡 2:9)

> • 기독교는 죄 사함을 통하여 구원의 길을 열어줍니다.

3 죄 값을 치름으로써 받는 구원이 불가능하므로 하나님은 어떤 구원을 선물로 주신 것입니까? (눅 1:77)

4 기독교인들이 예수님과 같은 삶을 살기 위해 애쓰는 이유는 무엇입니까? (고전 6:20)

2. 신의 역할이 다릅니다.

> • 타종교는 사람이 신을 위해 희생해야 하지만 그것을 통해서는 구원이 이루어질 수 없습니다.

1 일반적으로 인간의 구원을 위해 요구하는 것들에는 어떤 것들이 있겠습니까?

2 타종교에서 신 또는 교주가 가르치는 것에는 어떤 행위가 있습니까?

> • 기독교는 하나님이 사람을 위해 십자가에 죽으셨습니다.

3 인간을 구원하기 위해 하나님께서 선택하신 방법은 어떤 것입니까? (빌 2:6-8)

4 하나님께서 무엇 때문에 죄인인 인간들을 위해 죽으셨습니까? (창 1:27)

3. 구원을 이루는 방식이 다릅니다.

> • 타 종교는 '행위'를 통해 <u>스스로</u> 구원받기 위해 애쓰지만, 행위로는 구원받을 수가 없습니다.

1 착한 행위를 통해 죄를 없이 하고 구원을 받을 수 있다면 어떤 결과가 나타나겠습니까?

2 일반 종교에서는 공적(선한 행위)을 많이 쌓으면 천국이나 극락에 간다고 합니다. 성경은 어떻게 가르칩니까? (약 2:14)

> • 기독교는 오직 하나님을 '믿음'으로써 구원을 받습니다.

3 의롭다 함을 받는 것 곧 죄 없이 함을 얻는 것은 전적으로 무엇으로 되는 것입니까? (롬 3:28)

4 기독교에서 행위로 구원이 불가능하다고 가르치는 이유는 무엇입니까? (고전 1:29)

4. 신앙생활의 목적이 다릅니다.

> • 타종교는 복을 받고 구원받기 위해 신앙생활을 합니다.

1 거의 모든 사람들이 종교를 가지려고 하는 가장 큰 이유는 무엇입니까?

2 사람들이 종교생활을 열심히 하는 더 근원적인 목적은 어디에 있습니까?

> • 기독교는 구원하심에 감사하여 신앙생활을 합니다.

3 기독교에서 교회생활에 열심을 내는 목적은 어디에 있습니까? (골 3:16)

4 기독교인들이 (부족하지만) 세상 속에서 사랑하고 봉사하며 성경대로 살려고 애를 쓰는 이유는 무엇입니까? (고후 4:5)

5. 믿음의 대상이 전혀 다릅니다.

> • 타종교에서는 믿음의 대상이 불분명합니다.

1 기도생활을 아주 열심히 하는 사람들이 있습니다. 기도의 핵심은 무엇이겠습니까? (행 17:23)

2 믿음의 대상이 분명하다고 해도 그 대상은 대개 어떤 존재들입니까?

> • 기독교의 믿음의 대상은 창조주 하나님이십니다.

3 기독교에서 믿는 하나님은 참 신이라고 합니다. 그 이유는 무엇입니까? (예 1:3, 신 4:39)

4 여호와 하나님이 유일한 참 신이시면서 사람들에게 진짜 신으로 다가오신 이유는 무엇입니까? (사 9:6)

6. 당신은 어떻게 생각하십니까?

기독교를 다른 종교와 비교하는 것은 다른 종교를 공격하기 위한 것이 아니라 참된 믿음을 가져야 한다는 점을 설명하기 위한 것입니다. 어떤 종교가 더 우월하거나 열등하다거나 하는 것이 아니라 본질과 핵심이 아예 다르기 때문에 비교할 필요가 없습니다. 다만 기독교인들로 하여금 참된 신앙을 가지고 확신 가운데 승리하는 신앙생활을 할 수 있도록 하기 위함입니다. 물론 기독교가 참된 진리를 소유하고 있음에도 불구하고 세상은 교회를 비판적으로 바라보게 만든 책임이 기독교인들에게 있지만, 그것은 하나님이 부족해서가 아니라 사람의 잘못 때문입니다. 그렇기 때문에 이런 가르침들을 더욱 정확하게 배울 수 있어야 하겠습니다.

1 이상에서 살펴본 내용 중에 당신이 가장 공감하는 부분은 어떤 것입니까?

2 그럼에도 불구하고 당신이 미심쩍거나 비판적으로 보는 내용은 무엇입니까?

사랑이 많으신 하나님 아버지, 오늘도 많은 것을 깨달을 수 있도록 인도하시니 참으로 감사드립니다. 특별히 기독교가 왜 진리인가를 다른 종교들과 비교해 봄으로써 근본적으로 많은 차이가 있음을 알게 되었습니다. 우리도 예수님을 알기 전에는 세상 사람들과 똑같이 생각하고 교회를 비판하기도 했었습니다. 물론 일부 기독교인들은 세상의 비난을 받을 정도로 올바르지 못한 모습을 보이기는 했지만, 그럼에도 불구하고 예수님을 바르게 믿기 위해 이렇게 정확한 가르침을 받게 해주시니 더욱 감사드립니다.

그러나 하나님, 우리가 아직도 100% 확신하지 못하는 부분도 있음을 고백합니다. 어떨 때는 세상 사람들의 비판에 더 동조하고 싶은 마음까지 들 때가 있습니다. 그럼에도 불구하고 더욱 확실하게 믿음을 가질 수 있기를 원합니다. 아직 완전하게 믿어지지 않는 부분들에 대해서는 성령님께서 도와주셔서 깨달을 수 있도록 해 주옵소서. 그리고 머리로 이해가 부족한 부분은 하나님께서 경험적으로 만나주심으로써 확신 있게 신앙생활 할 수 있도록 도와주옵소서.

우리를 불러주시고 믿게 하신 예수 그리스도의 이름으로 간절히 기도드립니다. 아멘.

제 8 과
기독교 신앙의 핵심은 무엇입니까?

　　우리의 육체의 생명에는 일정한 원리가 흐르고 있습니다. 밤 하늘에 반짝이는 별이나 달과 같은 우주도 분명한 원리를 따라 움직이고 있습니다. 마찬가지로 하나님의 구원의 과정에도 하나님께서 세워 주신 원리가 존재합니다. 인간의 구원은 하나님의 창조에까지 거슬러 올라가야 합니다. 거기에서부터 인간의 타락은 시작되었고, 하나님과 인간 사이의 관계에는 줄다리기 같은 수많은 역사가 존재하게 되었던 것입니다. 그것은 하나님께서 친히 창조하신 사람을 사랑하실 수밖에 없었기 때문이었습니다. 만약에 하나님께서 사람을 사랑하지 않으신다면 그냥 지은 죄대로 멸망시키면 그만일 것입니다. 하지만 하나님은 어떻게 하든지 사람을 구원할 길을 찾아내셨던 것입니다.

　　사실은 하나님은 태초부터, 아니면 이미 태초 전에 사람의 타락을 알고 계셨는지도 모릅니다. 하지만 사람을 사랑하시기 위해 모든 것을 참고 계셨습니다. 그래서 아담이 타락했을 때 내리신 결정 속에 이미 구원계획을 가지고 계셨던 것입니다. 여자의 후손이 뱀의 머리를 상하게 하시겠다는 그 말씀이 바로 예수님(남자의 후손이 아니라 여자〈마리아〉의 후손)이 마귀(뱀)의 죽음의 권세를 깨뜨리고 부활하실 것을 말하는 것입니다. 이제 구원의 과정을 살펴보십시오.

1. 하나님께서 창조하시고 복을 주셨습니다.

기독교신앙의 출발점은 하나님이 누구시냐는 데에서 출발합니다. 이는 마치 부모에게서 태어나면서 사람의 일생이 시작되는 것과 같습니다. 왜냐하면 자식이 다소 잘못해도 부모는 자식을 끝까지 사랑하고 책임져야 하기 때문입니다. 큰 기쁨 가운데 자식이 태어나는 것처럼 하나님도 사람을 큰 기쁨 가운데 창조하셨습니다.

1 하나님은 사람을 창조하실 때 어떤 특징을 가진 존재로 만드셨습니까? (창 1:27)

2 하나님은 자기 형상대로 만드실 뿐 아니라 사람이 어떤 삶을 살도록 복을 허락하셨습니까? (창 1:28)

3 하나님은 또한 사람을 보호하시기 위해 무엇을 만들어주셨습니까? (창 2:8)

2. 사람은 불순종함으로 죄를 지었습니다.

그런데 이미 태초 전에 창조하셨지만 하나님께 대항했다가 패배하여 땅으로 쫓겨난 마귀가 등장했습니다. 이 마귀는 하나님의 일을 훼방하는 자입니다. 그 마귀가 뱀의 모양으로 하와에게 나타납니다. 그리고 어떻게 해서든지 그럴 듯한 거짓말로 하와를 속이게 됩니다. 그리하여 하와는 유혹을 이기지 못하고 접근이 금지된 선악 열매를 먹고 남편 아담에게도 주어 먹게 했습니다.

1 뱀은 어떤 식으로 하와를 유혹하여 하나님께 불순종하게 만듭니까? (창 3:4-5)

2 아담과 하와는 마침내 선악과를 따먹게 됩니다. 이것이 왜 그토록 큰 죄가 되는 것입니까? (창 3:6)

3 결국 하나님은 범죄한 아담과 하와를 어떻게 하셨습니까? (창 3:23, 롬 5:12)

3. 사람은 하나님과 단절되고 말았습니다.

당연하게도 하나님과 사람 사이에는 건널 수 없는 간극이 생겨버리고 말았습니다. 하나님은 물론 필요에 따라 특별히 사람들에게 말씀하기도 하시지만 사람이 하나님과 교제할 수 있는 모든 수단이 전부 끊어져버렸습니다. 한 번의 죄가 어떻게 그렇게 무서울 수가 있겠습니까? 하지만 아담이 지은 죄는 죄를 세상에 최초로 들어오게 한 죄입니다. 그리하여 모든 사람은 마치 공기로 호흡하듯이 죄를 먹고 마시는 존재가 되었습니다.

1 하나님은 이제 아담으로 인하여 염려하시게 되었습니다. 그 결과 어떤 조치를 취하셨습니까? (창 3:24)

2 사실 아담이 지은 죄는 이미 하나님께서 경고하신 것을 범한 죄였습니다. 어떤 경고였습니까? (창 2:17)

3 선악 열매를 먹으면 반드시 죽게 된다고 하셨는데 아담은 죽지는 않았습니다. 이것은 무슨 뜻입니까? (엡 2:1)

4. 하나님은 구원의 길을 남겨두셨습니다.

사람을 창조하시고 또 지극히 사랑하시는 하나님은 비록 아담이 이 세상에 죄를 들여왔고 하나님과의 관계가 완전히 단절되었지만 그렇다고 사람을 완전히 버리시거나 멸망시킬 수는 없었습니다. 그리하여 하나님은 에덴동산을 회복시킬 수 있는 길, 곧 죄와 죽음에서 사람을 구원하실 방도를 계획하셨습니다. 그것은 이 세상의 어느 누구도 생각할 수 없을 뿐 아니라 실현시킬 수도 없는, 오직 하나님만이 하실 수 있는 엄청난 계획이었습니다.

1 하나님은 처음에 무엇을 통해서 사람과 교통할 길을 열어주셨습니까? (출 29:10-14)

2 그러나 이 제사는 너무 불완전하므로 하나님은 마침내 모든 인류를 구원하기로 하십니다. 어떤 것입니까? (요 3:16)

3 하지만 예수님이 오신다고 해서 그냥 되는 것은 아닙니다. 하나님은 예수님을 어떤 모습으로 부르셨습니까? (요 1:29)

5. 하나님은 스스로 십자가에 달리셨습니다.

십자가는 기독교 복음의 가장 큰 특징입니다. 사람이 신을 위해 희생하는 것이 종교인 법인데 그런 방법으로는 사람의 죄를 씻을 수 없기 때문에 하나님은 단번에 죄 사함을 받을 수 있는 길을 열어주신 것입니다. 그것이 바로 하나님께서 사람들을 대신해서 희생해주시는 십자가인 것입니다. 독생자 예수님이 오셔서 인간의 죄 값을 피와 목숨으로 대신 치러주시는 것입니다. 이 사실을 믿기만 하면 그 사람에게는 죄 사함과 구원이 이루어지는 것입니다.

1 그러면 하나님께서 인간을 구원하기 위해 단번에 죄를 없이 하는 방법은 무엇입니까? (마 26:28)

2 하지만 예수님은 하나님이신데 어떻게 사람의 죄를 대신 감당하실 수 있습니까? (빌 2:8)

3 왜 하나님은 꼭 독생자 예수님을 십자가에 못 박히도록 하셔야 했습니까? (신 32:4)

6. 예수님은 사망을 이기고 부활하셨습니다.

예수님은 인간의 죄를 대신하여 십자가에 돌아가셨지만 예수님의 죽음만으로 사람들을 구원하실 수는 없습니다. 왜냐하면 죽음으로 그친다면 그것은 그냥 죄 값을 치른 것에 불과하기 때문입니다. 죽음을 가져온 죄를 해결하려면 그 죄를 이기셔야 하는데 그것은 다시 살아나시는 것입니다. 곧 죄 값을 치르시고 그 죄(죽음)를 이기셔야 비로소 구원과 영생이 성립될 수 있는 것입니다. 예수님은 부활하심으로써 죽음의 권세를 이기셨습니다.

1 예수님의 부활은 갑자기 일어난 일이 아닙니다. 어떻게 예언되어 있습니까? (호 6:2)

2 성경에 예언되고 예수님께서 미리 말씀하신 예수님의 부활을 어떻게 믿을 수 있습니까? (고전 15:3-6)

3 예수님이 혈과 육을 지닌 사람으로 오신 것은 다른 의미에서 보면 무엇을 위해서입니까? (히 2:14)

7. 예수님은 재림하시고 성도는 부활됩니다.

하지만 이렇게 우리를 위하여 십자가에서 피 흘려 희생하신 예수님의 부활을 믿고 회개하고 죄 사함 받아 거듭난 백성으로 살아가는 것으로 하나님께서 베푸신 구원이 완성되는 것은 아닙니다. 왜냐하면 참다운 구원이란 하나님께서 지으신 에덴의 회복이기 때문입니다. 태초의 그 에덴은 최후에 내려올 새 하늘과 새 땅(계 21:1)이 될 것입니다. 그리고 그 때는 부활하고 승천하셨던 예수님의 재림의 날이 될 것입니다. 성도들에게도 신령한 육체의 부활이 주어질 것입니다.

1 예수님은 최후의 날에 어떻게 세상에 다시 오시겠습니까? (행 1:11)

2 마지막 날에 예수님의 재림을 사람들이 어떻게 볼 수 있겠습니까?(마 24:30)

3 그렇다면 마지막 날에 사람은 어떻게 부활하게 된다고 가르치십니까? (요 5:28-29)

8. 당신이 생각하던 기독교는 어떤 것이었습니까?

이상과 같이 기독교에서 가르치는 구원의 전체적인 과정을 살펴보았습니다. 흔히 예수님을 처음 믿을 때에는 여러 가지 어려움이나 힘든 상황 속에서 예수님을 찾게 되는데 그것은 마음의 환경이 극히 어려울 때 하나님을 의지하고 싶어지기 때문일 것입니다. 곧 마음이 활짝 열려있는 상태에서 믿음을 받아들이게 되는 것입니다. 그러나 그렇다고 기독교가 어려운 문제를 해결하고 죽을 병을 고치고 성공하고 잘 살기 위해서 믿어야 하는 것은 절대로 아닙니다. 이 세상에서의 번영이 믿음의 목적이라면 예수님의 부활이나 재림이나 새 하늘과 새 땅이 무슨 필요가 있겠습니까? 아무리 크게 성공해도 마지막 천국에 들어가지 못한다면 이 땅에서의 삶은 아무것도 아닌, 그림자 같은 것과 무엇이 다르겠습니까?

1 이상에서 설명한 일곱 가지 구원의 원리에 대해 당신은 어떤 생각이 들었습니까?

2 당신이 도저히 믿음이 가지 않는 부분은 어떤 부분입니까?

마무리 기도

　　　　죄로 말미암아 죽어야 하는 우리들을 대신하여 예수님으로 하여금 죄 값을 감당하게 하신 하나님 아버지, 영원토록 씻을 수 없는 죄를 사해주심을 감사드립니다. 아담의 죄는 오늘 우리가 아직도 가슴 속에 품고 있는 죄임을 깨닫고 하나님께 용서를 구합니다. 하나님, 우리들이 눈으로는 볼 수 없고 세상적인 논리로는 이해가 되지 않는 하나님의 구원 계획을 알게 되었으니 이제는 하나님의 그 모든 뜻을 깨닫고 믿을 수 있기를 원합니다. 세상의 지식이나 경험이라면 보고 들을 수 있으니 쉽게 믿겠지만 보이지 않는 하늘의 계획을 곧이곧대로 믿는 것은 하나님의 도우심이 아니면 불가능한 줄 압니다. 그러므로 성령님으로 하여금 굳게 믿을 수 있도록 해 주시옵소서.

　　아버지, 다시 한 번 감사드립니다. 겉으로 보기에는 믿는 사람이나 믿지 않는 사람을 구별할 수 없지만 우리들의 심령이 바뀌면 하나님의 모든 말씀들을 다 믿을 수 있게 될 것입니다. 우리도 죄 사함 받고 거듭나서 하나님의 모든 말씀들을 확실하게 믿고 그 말씀을 따라서 살 수 있도록 해주옵소서. 오늘 하나님의 구원계획을 전체적으로 알 수 있도록 해 주심을 감사드립니다. 앞으로도 하나님의 인도하심을 따라 말씀에 순종하며 하나님을 기쁘시게 하는 삶을 살 수 있도록 도와주시옵소서.

　　우리 대신 십자가를 지시고 모든 고통을 참으신 예수 그리스도의 이름으로 기도드립니다. 아멘.

제 9 과
구원에는 어떤 과정이 있을까요?

기독교 복음의 핵심인 구원의 과정을 살펴보았습니다. 이 구원의 원리를 이해하는 일은 대단히 중요합니다. 예수님을 믿는다고 하면서도 이런 핵심적인 원리를 놓치고 믿음 없는 사람들이 가는 길을 그대로 따라가는 사람들이 많기 때문입니다. 하지만 구원의 원리를 아는 것과 그것을 믿는 것은 전혀 다릅니다. 그래서 성경에는 예수님의 구원의 복음을 마귀도 너무 잘 안다고 한 것입니다. 그러므로 아는 것만으로는 우리들의 구원에 전혀 도움이 되지 않습니다.

"네가 하나님은 한 분이신 줄을 믿느냐 잘 하는도다 귀신들도 믿고 떠느니라"(약 2:19)

그래서 영원한 생명을 얻는 마지막 관문은 구원에 대해서 아는 것을 넘어 이제는 마음에 받아들이고 믿음으로써 새생명으로 거듭 태어나는 것입니다. 사실을 아는 것은 반드시 필요하지만 사실을 믿어야 구원 받을 수 있습니다. 진심으로 예수님을 받아들여야 합니다. 예수님을 주인으로 모셔야 합니다. 그리고 성도로 살기를 결단해야 합니다. 이런 과정을 거치지 않고도 믿음생활 잘 하는 사람도 있지만 그 믿음이 올바르다면 이런 내용들이 다 들어 있습니다. 오늘은 우리 인생의 가장 중요한 날이 될 수 있습니다. 마음을 열고 진심을 다하여 함께하시기를 바랍니다.

1. 오직 믿음으로만 구원받을 수 있습니다.

앞서 구원은 행함이 아니라 믿음으로만 가능하다고 했습니다. 물론 행함이 중요하지 않은 것은 아닙니다. 다만 마음도 없이 겉으로만 행하는 것으로는 안 된다는 말이고, 따라서 믿음이 있는 행함이라야 한다는 것입니다. 또한 진정으로 믿음이 있다면 그 믿음의 증거가 행함으로 나타나게 되어 있다는 말이기도 합니다. 아무튼 구원은 구원의 원리를 마음으로 받아들일(믿을) 때 시작되는 것입니다.

1 구원을 얻는 믿음을 한 마디로 말하면 가장 핵심적인 것은 무엇입니까? (롬 10:9-10)

2 그러면 그 믿음은 어떻게 생겨나겠습니까? 신기한 현상을 보거나 환상을 볼 때 생기겠습니까? (롬 10:17)

3 믿는 자는 죽어도 살겠고 살아서 믿는 자는 영원히 살리라는 말씀은 어떻게 받아들여야 하겠습니까? (요 11:25-26)

2. 예수님을 받아들이기로 결단해야 합니다.

이제 실제로 예수님을 먼 데 계신 하나님이 아니라 우리와 항상 함께 하시는 분으로, 인격적으로 대화가 가능하신 분으로, 우리의 기도를 들어주시고 우리를 인도하시고 보호하시는 주인으로 모셔 들이기를 결단해야 합니다. 우리가 예수님을 의지하기만 하면 언제라도 우리를 위해 일하시는 분으로 받아들이는 것입니다. 이제부터 우리 인생의 주인은 우리 자신이 아니고 예수님임을 인정하는 것입니다.

1 그리하여 구원의 과정을 알고 예수님을 주로 영접하면 어떤 일이 일어납니까? (요 1:12)

2 예수님을 영접한 사람은 어려움이나 문제가 생길 때 어떻게 해야 하겠습니까? (고후 1:9)

3 바울은 예수님을 주로 영접하고 나서 어떤 결단을 하였습니까? (고전 2:2)

3. 예수님 영접 기도를 드리십시오.

이제 당신에게 새로운 삶이 시작된다는 사실을 깨달으시고 진정한 마음으로 다음과 같이 하나님께 기도드리십시오. 입으로 시인하는 곳에 하나님은 임해주십니다. 저를 따라서 한 구절씩 기도하시겠습니다.

> "하나님, 이 시간 하나님께 믿음을 가질 수 있기를 위하여 기도드립니다. 여태까지 하나님을 외면한 일이 큰 죄임을 깨달았습니다. 이 모든 죄를 용서하여주시기를 간절히 바랍니다. 믿음으로 기도드리오니 저의 죄를 사해주심을 믿습니다.
> 이제 예수님을 나의 주인으로 영접하고자 하오니 받아주옵소서. 나를 위해 십자가에서 고통당하신 예수님, 죽으셨다가 다시 살아나셔서 성령님으로 저를 인도하시는 예수님, 그리고 언제인가 꼭 다시 오실 그 예수님을 진실한 마음으로 영접합니다.
> 이제 하나님의 자녀로서 세상을 살아가려고 하오니 세상의 훼방을 이길 수 있도록 힘을 주시옵소서. 저의 내면의 유혹도 다 이길 수 있게 해 주시옵소서. 모든 말씀을 우리 주 예수 그리스도의 이름으로 기도드립니다. 아멘."

진실한 마음으로 예수님을 인생의 주인으로 영접하는 기도를 드렸습니다. 이와 같이 영접기도를 드렸다고 해서 꼭 감정이 느껴지거나 무슨 신비한 현상이 나타나는 것은 아닙니다. 그러나 하나님 앞에서 믿고 입으로 고백한 것이기 때문에 하나님은 분명히 다 받으셨음을 믿으시기 바랍니다.

4. 이제 성령님께서 항상 함께 하십니다.

예수님을 인생의 주인으로 영접한 일 자체가 이미 성령님께서 일하고 계신다는 증거입니다만, 이제부터는 성령님이 당신을 지배하기 시작하십니다. 우리들의 생각이나 느낌이나 결단이 당신을 이끄는 것이 아니라 믿음이 당신의 몸과 마음과 심령을 주관하게 될 것이고, 그 믿음은 바로 성령님께서 이끌어주십니다. 예수님을 그리스도로 영접하는 순간 성령님께서 당신의 마음속에 들어와 계십니다.

1 예수님을 주로 고백하고 영접한 사람은 어떤 힘이 그렇게 만든 것입니까? (고전 12:3)

2 왜 갑자기 성령님께서 우리의 마음을 움직이시고 감동을 주십니까? (요 14:16)

3 성령님께서 우리 안에 거하심으로써 일어나는 현상은 어떤 것입니까? (요일 4:13)

5. 지금부터 예수님은 생명의 주인이십니다.

이제 당신은 예수님을 당신의 주인으로 영접하고 심령 가운데 모셔 들였습니다. 예수님을 받아들였다는 것은 영원한 생명을 얻었다는 말입니다. 중요한 것은 진정으로 생명 되시는 예수님을 모셨기 때문에 당신이 예수님을 생명의 주인으로 받들어야 한다는 것입니다. 생명을 얻었는데 그 생명을 소홀히 생각한다거나 아무렇게나 취급한다면 그것이 우리의 생명이 될 수 있겠습니까? 생명의 주인을 생명처럼 귀하게 사랑할 수 있어야 하는 것입니다.

1 우리들이 받아들인 예수님은 우리에게 무엇을 주시는 분이십니까? (요 14:6)

2 생명이란 한 번 잃으면 되돌릴 수 없습니다. 그런데 생명을 구원하는 방법이 있습니다. 무엇입니까? (눅 9:24)

3 그런데 성도가 주님을 위해 생명을 아까워하지 않는 일이 어떻게 가능하겠습니까? (갈 5:16)

6. 예수님 영접 후 어떤 변화가 있겠습니까?

사람은 육체를 가진 존재이기 때문에 그 영혼에 일어나는 일들을 깨닫거나 느끼기 어렵습니다. 물론 영혼의 변화가 사람의 의식을 깨우거나 심리적으로 영향을 끼칠 수는 있지만 언제나 그런 것은 아니고 또 자주 일어나는 일도 아닙니다. 그러나 우리의 영혼을 이끄는 것은 하나님의 말씀이라는 사실을 알아야 합니다. 왜냐하면 하나님의 말씀은 반드시 이루어지고 그 말씀이 바로 하나님이시기 때문입니다. 우리들이 믿음을 가진다는 것도 결국 하나님의 말씀을 믿는 것입니다.

1 예수님을 주로 영접할 때 심리적이든 감정적이든 의지적이든 당신에게 어떤 변화가 있었습니까?

2 오늘 읽거나 살펴보았던 말씀 중에 당신의 마음에 믿음이 일어난 말씀은 무엇이었습니까?

마무리 기도

　　　하나님 아버지, 오늘 비로소 영접기도를 드렸습니다. 예수님을 제 인생의 주인으로 모셔 들이기로 결단한 것입니다. 아직 아무것도 느껴지지는 않고 저에게 과연 무슨 일이 일어난 것인지도 믿을 수 없습니다. 그러므로 하나님, 저에게 기쁨이나 기대감이나 아무튼 무엇인가 느낄 수 있도록 도와주옵소서. 그리고 다만 바라기는 오늘 예수님을 영접한 것을 더 깊이 깨달아 알게 하시고, 주님을 생명으로 알고 세상에서 주님이 가르쳐주시는 그 길을 갈 수 있도록 도와주시옵소서. 저는 아직 믿음이 약하고 확신도 없사오니 제 속에 거하시는 성령님께서 저를 지배해주시고 인도해주시기를 또한 기도드립니다.

　하나님, 믿음은 하나님의 말씀을 믿는 것이라고 합니다. 아직 구체적으로 말씀이 무엇인지 알기 어렵지만 성령님께서 임하셔서 여러 가지 말씀들을 믿을 수 있도록 항상 인도해주옵소서. 교회생활도 어떻게 해야 하는 것인지 아직 잘 모릅니다. 기도도 아직 하지 못합니다. 성경도 잘 모르고 찬송가도 거의 모릅니다. 신앙생활 하는데 어려움이 있다면 성령님께서 많이 도와주시옵소서. 그리고 저의 모든 생활도 하나님께 맡길 수 있기를 원합니다. 하나님이 보시기에 올바른 길을 잘 갈 수 있도록 저의 삶에 개입하셔서 가르쳐주시고 인도해 주시옵소서.

　진정으로 감사드리며 우리를 구원하신 예수 그리스도의 이름으로 기도드립니다. 아멘.

제 10 과
이제 예수님과 어떤 관계입니까?

　　기독교 신앙은 관계라는 사실을 기억해야 합니다. 하나님과 성도 사이가 특별한 이유는 인격적으로 교제할 수 있는 관계이기 때문입니다. 다른 그 어떤 요소보다 하나님과의 인격적인 관계가 소중해야 하는 이유입니다. 만약에 예배를 자주 드리고 기도를 많이 하는데 하나님의 마음이나 뜻은 전혀 생각하지 못하고 자기 자신이 복을 받기 위해서만 열심을 낸다면 그것을 바른 신앙이라고 할 수 있을까요? 만약에 이웃을 도와주는데 하나님께서 그것을 보시고 자신에게 복을 주실 것만을 생각하고 도와준다면 그 믿음이 좋은 것이겠습니까? 상황을 무시하는 것이 아니라 여러 가지 상황 속에서도 하나님과 좋은 관계를 가지려고 한다면 그것은 올바르고 바람직한 믿음이라고 할 수 있습니다.

　　기독교 신앙생활은 하나님과의 관계와 이웃과의 관계로 펼쳐져 나갑니다. 그러므로 우리는 이제 하나님께서 예수님과 우리 성도들을 어떤 관계 속에 넣어주셨는가를 살펴보아야 합니다. 그리고 그 관계를 다양한 각도에서 생각해보면서 어떤 관계가 가장 바람직한가를 이해해야 합니다. 그래서 예수님은 예수님과 우리의 관계를 몇 가지 비유로써 알기 쉽게 설명해주셨습니다.

1. 양과 목자 사이

목자는 양을 돌보고 양의 안전과 먹이와 생명을 책임지는 존재입니다. 목자가 없으면 대부분의 양은 각자가 이러 저리 헤매다가 굶주리거나 들짐승의 먹이가 되어버립니다.

1 양은 멀리 볼 수도 없고 빨리 달리지도 못하고 변변한 무기도 없습니다. 목자가 없다면 결국 어떻게 되겠습니까? (사 53:6)

2 기독교인이 예수님을 주로 영접한 것을 성경은 어떻게 표현하고 있으며 그분은 어떤 분이십니까? (요 10:14-15)

3 실생활에서 목자이신 예수님은 양들인 우리 성도들을 위해 어떤 일을 베푸십니까? (요 10:7-9)

4 만약에 양이 어려움을 당하면 목자 되시는 예수님은 어떤 일을 하시겠습니까? (마 12:11)

2. 친구 사이

친구란 허물없이 가까이 지내는 사람이라는 뜻이지만, 다른 말로 하면 나이와는 관계없이 속마음을 솔직하게 나누는 사람입니다. 예수님은 친구에게처럼 마음을 털어놓을 수 있는 가까운 분입니다.

1 예수님께서 성도들에게 친구신청을 하셨습니다. 예수님은 친구로서 무엇을 하십니까? (요 15:14-15)

2 예수님뿐 아니라 하나님도 사람을 친구처럼 여기신 적이 있었습니다. 그 사람은 누구였습니까? (출 33:11)

3 예수님께서 세상에 오셔서 죄인들과 함께 하실 때 바리새인들은 예수님을 무엇이라고 비난했습니까? (눅 7:34)

4 예수님은 친구로서 우리 성도들을 많이 격려하기도 하십니다. 어떤 격려를 하셨습니까? (눅 12:4)

3. 포도나무와 가지 사이

건조한 지역에서 음료의 역할을 하는 포도나무와 가지의 비유는 신앙인의 삶의 원리를 가장 깊게 알려주는 비유입니다. 이 비유는 근본적으로 주님을 떠나서는 살 수 없다는 말씀입니다.

1 포도나무의 목적은 포도열매입니다. 포도나무 가지가 포도를 열기 위해서는 어떻게 해야 합니까? (요 15:4)

2 만약에 포도를 많이 맺는 가지라도 포도나무에서 떨어지는 순간 어떻게 되겠습니까? (요 15:6)

3 포도나무 가지가 하는 일은 사실상 무엇이 전부입니까? (요 15:5)

4 성도의 실제 신앙생활을 이 포도나무 비유를 통해 설명한다면 어떻게 말할 수 있겠습니까?

4. 신랑과 신부 사이

인간관계 중에서 가장 아름답고 밀접한 관계는 신랑과 신부의 관계일 것입니다. 그래서 우리가 하나님을 '안다'고 할 때의 그 '아는' 것은 신랑과 신부가 서로 '아는' 것과 같은 말입니다.

1 예수님을 영접하는 것은 신부가 신랑을 맞이하는 것과 같은 것입니다. 신랑을 맞을 때 누가 기다리고 있습니까? (마 25:1)

2 그래서 솔로몬은 하나님과 성도의 사랑의 극치를 무엇에 비유하고 있습니까? (아 4:9)

3 이사야서에 보면 믿음을 가지고 하나님을 믿을 때 하나님은 우리를 얼마나 기뻐하신다고 하셨습니까? (사 62:5)

4 신랑과 신부의 비유는 최후에 이 땅에 내려올 천국에도 나타납니다. 그것은 어떤 모습입니까? (계 21:1)

5. 형제(가족) 사이

하나님을 아버지라고 부르는 모든 사람들은 하나님의 가족들입니다. 특히 예수님은 우리의 친형제와 같은 분입니다. 가족이란 혈연관계이며 그 무엇으로도 끊을 수 없는 존재들입니다.

1 예수님은 예수님의 가족이나 형제에 대해 무엇이라고 가르치셨습니까? (눅 8:20-21)

2 예수님과 성도의 관계는 친형제와 같은데 신분적으로 보면 어떻게 볼 수 있습니까? (롬 8:15)

3 사도시대에는 믿음으로 구원받고 여러 나라에 흩어져 있는 성도들을 무엇이라고 불렀습니까? (행 11:1, 요일 3:16)

4 그런데 예수님은 육신적인 가족을 미워해야 하나님의 가족이 될 수 있다고 하셨습니다. 무슨 뜻이겠습니까? (눅 14:26)

6. 당신은 예수님과 어떤 관계이고 싶습니까?

이상과 같이 예수님과 성도들의 관계는 가장 가깝고 친밀하며 의존적이고 책임적이고 떨어질 수 없는 관계입니다. 목자와 양, 포도나무와 가지, 신랑과 신부, 친구, 형제관계는 인간이 취할 수 있는 가장 좋은 관계들만 집약하여 설명하는 것입니다. 사람의 말로 표현할 수 있는 최상의 모습을 제시한 것입니다. 그런 모든 것들을 함께 모아놓아도 예수님과 성도의 관계를 정확하게 표현하기는 힘듭니다. 그러므로 예수님은 우리가 상상할 수 있는 가장 친밀한 분입니다. 왜냐하면 모든 인간관계는 이 세상으로 끝나지만 예수님과 성도는 영원토록 함께 하게 되는 관계이기 때문입니다.

1 성경에서 제시한 다섯 가지 관계 중에서 당신이 가장 마음이 끌리는 관계는 무엇이며 왜 그렇습니까?

2 가장 마음이 가는 관계가 이루어진다면 당신은 예수님을 어떻게 사랑해야 하겠습니까?

마무리 기도

　　　사랑의 아버지 하나님, 오늘 예수님과 우리의 관계를 살펴보았습니다. 모든 것이 부족하고 연약한 우리가 감당하기 힘든 너무나도 큰 사랑을 베풀어주신 것을 느낄 수 있었습니다. 그리고 우리는 이제 겨우 믿음을 받아들인 것밖에 없는데 하나님께서는 이미 우리를 위해 모든 것을 준비해 놓으신 것을 봅니다. 아직 실감이 나는 것은 아니지만 예수님의 사랑과 은혜를 더욱 깊이 깨달을 수 있도록 도와주시고, 부족하지만 뭔가 주님을 위해 할 수 있는 일을 생각나게 해 주옵소서. 그 동안 사람들 사이에는 서로 도와가면서 좋을 때도 많이 있지만 동시에 상처가 되거나 거리낌이 생기는 경우가 더 많았습니다. 그러나 주님은 변함없이 우리를 사랑해주시는 줄을 믿습니다.

　　아버지, 이제는 주님의 사랑을 경험하고 싶습니다. 그리고 그 사랑을 누리고 그 사랑으로 세상을 이길 수 있기를 원합니다. 저는 갓 태어난 어린아이와 같아서 믿음을 지킬 아무런 힘도 없습니다. 이제 한 가지 한 가지 배우면서 경험해 갈 수 있도록 도와주옵소서. 그리고 모르는 것이 너무나도 많습니다. 그러나 주님의 은혜에 조금이라도 보답하고 싶기도 합니다. 지금은 신앙생활에 열심히 집중할 수 있도록 도와주시고 교회생활에도 늘 기쁨을 주시어서 새로운 삶에 잘 정착할 수 있도록 해주옵소서.

　　우리를 변함없이 사랑해주시는 예수 그리스도의 이름으로 기도드립니다. 아멘.

제 11 과
교회란 어떤 곳일까요?

  이제는 우리가 받은 구원이 어떻게 생활 속에서 실현될 것인가에 대해서 살펴보아야 합니다. 당연히 기독교 신앙은 교회를 중심으로 펼쳐집니다. 이는 아기가 태어나면 부모와 함께 가족 가운데에서 살아가는 것과 같은 이치입니다. 교회는 예수님께서 십자가의 핏 값을 주고 사신 성도들의 모임 자체입니다. 교회는 하나님께서 성령님의 일하심을 따라 다스리시는 곳입니다. 그러므로 교회를 떠나서는 신앙생활이 이루어질 수 없습니다. 교회에서도 여러 가지 불미스러운 사건이 일어날 수도 있습니다만, 그것은 성도들이 성숙하게 자라가는 과정에서 일어날 수 있는 일이라는 사실을 알아야 합니다.

  교회에는 하나님께서 다스리시는 일정한 방식이 있습니다. 왜냐하면 교회는 세상의 조직이나 단체와는 달리 성령님께서 하나님의 목적에 따라 다스리시기 때문입니다. 세상에서는 성공이나 번영을 목적으로 사람들의 조직이 이루어지지만, 교회는 천국을 향하여 가는 과정일 뿐 아니라 성도의 성장과 성숙이 목적이기 때문이기도 합니다. 교회에 대한 올바른 개념과 태도를 가지고 신앙생활을 하는 것은 굉장히 중요합니다. 이제 교회가 과연 어떤 곳이어야 하는지를 살펴보겠습니다.

1. 교회는 죄인들이 모이는 곳입니다.

교회는 사람들이 생각하는 것처럼 믿음으로 완전해진 사람들이 모이는 곳이 아니라 죄인이었다가 믿고 변화되어가는 사람들의 모임입니다. 죄와 허물이 그대로 드러날 수도 있는 공간입니다.

1 예수님은 평소에 죄인들과 자주 어울리셨습니다. 바리새인들이 비판할 때 무엇이라고 대답하셨습니까? (눅 5:31-32)

2 그렇다면 교회라는 의미는 완성된 의인의 모임이 아니라 어떤 사람들이 모이는 곳입니까? (롬 1:7)

3 그리고 교회는 하나님의 주권의 측면에서 본다면 어떤 특징이 있습니까? (벧후 1:10)

4 교회의 원래 뜻은 '부르심 받은 사람들의 모임'입니다. 그러면 성도는 어떤 방향으로 행동해야 하겠습니까? (빌 2:2-4)

2. 교회는 예수님의 몸입니다.

예수님은 머리이시고 교회는 예수님의 몸이라면 교회는 예수님의 생각과 지시에 따라 움직이는 곳이 됩니다. 그것은 예수님께서 하나님의 뜻을 따라 교회를 친히 세우셨기 때문입니다.

1 예수님은 어떤 바탕 위에 주님의 교회를 세우셨습니까? (마 16:16, 18)

2 부족해보여도 하나님은 무엇을 통해서 성도의 신앙을 지켜 나가십니까? (마 18:17)

3 성경은 교회를 예수님의 몸이라고 합니다. 세상 만물과 교회와 예수님은 어떤 관계입니까? (엡 1:22-23)

4 교회가 예수님의 몸이라면 몸의 여러 지체들은 어떻게 되는 것입니까? (엡 4:15-16)

3. 교회는 하나님의 소유입니다.

교회의 머리는 그리스도 예수님이시지만, 그 주인은 하나님이십니다. 물론 다른 의미에서는 성도가 주인이라고도 하지만 그것은 세상 속에서의 관점이고 최종적인 주권은 하나님께 있습니다.

1 바울은 예수님을 머리로 하는 교회의 주권에 대해 무엇이라고 정의합니까? (딤전 3:15)

2 하나님께서 교회의 주인이라고 하지만 실제로 주인의 역할을 하는 것은 누구라야 합니까? (눅 12:42)

3 교회는 건물이나 단체를 뜻하는 것이 아닙니다. 교회는 진정으로 어떤 것이 되어야 하겠습니까? (고전 1:2)

4 하나님의 교회(이단의 이름이 아님)란 어떤 것들을 함께 견디는 곳이어야 합니까? (살후 1:4)

4. 교회는 천국으로 가는 관문입니다.

복음을 믿는 사람들은 당연히 천국에 가지만 반드시 자기신앙을 지킬 수 있어야 합니다. 교회는 성도들의 신앙을 함께 지킬 수 있게 하며 예수님에게까지 성장할 수 있도록 도와주는 곳입니다.

1 그래서 성도들이 자랄 수 있도록 그리스도께서 어떻게 사랑해주시는 곳입니까? (엡 5:25)

2 또한 그리스도께서 교회의 머리라는 말씀은 결국 성도들을 어떻게 만들어주신다는 뜻입니까? (골 2:19)

3 성도가 머리로부터 자유롭게 된다거나 여러 지체에서 떨어져나간다면, 곧 교회를 떠난다면 어떻게 됩니까? (요 15:6)

4 교회에서 끝까지 신앙생활을 함으로써 천국에 가게 되는데 천국에 갈 때까지 성도는 어떻게 해야 하겠습니까? (벧전 2:2)

5. 교회는 성령님이 임재하시는 곳입니다.

성도는 각자가 성령님께서 거하시는 교회입니다. 그 성도들의 모임이 교회이므로 교회에는 성령님이 거하시고 인도해가십니다. 교회는 공동체로서 성령님이 이끌어 가십니다.

1 교회에는 직분이 있습니다. 이 직분은 누가 이끌어가며 어떤 목적으로 존재하는 것입니까? (행 20:28)

2 직분이란 높낮이가 아니라 무엇을 기본으로 세워주시는 것입니까? (고전 12:8-10)

3 교회에서 다스리는 직분으로 세워진 성도는 어떤 마음으로 성도들을 섬겨야 하겠습니까? (롬 12:8, 13:3)

4 결국 교회는 성령님의 전체적인 다스림으로써 인도되어 가는 곳입니다. 이것을 어떻게 받아들이겠습니까? (계 2:29)

6. 교회는 치유가 있는 곳입니다.

교회는 죄로 인한 심령의 치유를 얻은 사람들이 모인 곳이지만 육체의 질병을 치유하고 마음의 연약함도 치유하고 인간의 부족한 모든 것을 회복시키는 역사가 있는 곳입니다.

1 교회는 먼저 영혼을 치유하는 곳입니다. 영혼이 잘 되면 성도는 어떻게 되겠습니까? (요삼 1:2)

2 교회의 머리 되신 예수님은 이 땅에 오셔서 무슨 일을 주로 하셨습니까? (마 4:24)

3 예수님은 그렇게 고치고 회복시키는 은사와 능력을 어떻게 하셨습니까? (마 10:1)

4 각양 은사들은 오늘날 교회에서도 많이 일어납니다. 그런데 왜 선교지와는 달리 교회에서 이런 역사가 줄어들었습니까?

7. 당신은 교회가 어떤 곳이라고 생각합니까?

무조건 교회 편을 드는 것이 아니라 밖에서 믿음 없이 바라보는 교회와, 신앙을 가지고 함께 생활하면서 경험하는 교회의 모습에는 상당히 차이가 있을 것입니다. 교회는 하나님께서 성령님의 일하심을 따라 이끌어 가시는 곳이기 때문에 세상의 논리나 이치와는 다른 원리가 작용하는 곳입니다. 육적이거나 물질적인 것을 대하는 관점이 전혀 다르기 때문에 많은 오해가 있을 수 있습니다. 물론 교회는 세상의 도덕기준보다 훨씬 더 깨끗한 곳이어야 합니다. 우리가 성경의 가르침에 적극적으로 순종하면서 믿음생활을 유지한다면 세상으로부터 칭찬을 받는 교회와 성도들이 될 수 있을 것입니다.

1 당신이 밖에서 생각하던 교회의 모습과 가장 크게 다른 점은 무엇입니까?

2 교회가 나아가야 할 가장 좋은 모습은 무엇이라고 생각하십니까?

하나님 아버지, 예수님의 핏 값을 주고 사신 교회에 출석할 수 있게 하심을 감사드립니다. 이 모든 일들이 전적으로 하나님의 은혜임을 깨닫습니다. 밖에서 보는 교회와 안에 들어와서 보는 교회는 많이 다르다는 것을 깨닫습니다. 하나님의 은혜와 성령님의 인도하심을 따르는 교회가 세상과 같을 수는 없을 것입니다. 하나님 아버지, 저도 교회를 잘 이해하고 성령님의 인도하심을 받아 신앙이 잘 자라갈 수 있기를 바랍니다. 예배를 잘 드리고 설교말씀을 잘 받으며 봉사할 것을 찾아서 잘 감당할 수 있도록 도와주옵소서. 그리하여 교회의 일꾼으로 하나님을 잘 섬길 수 있기를 바랍니다.

아버지, 그러나 저는 아직도 여전히 세상 사람들과 똑같은 부분이 너무 많습니다. 그리고 사실 어떻게 신앙생활을 해야 잘 하는 것인지 분간이 잘 안 됩니다. 제가 하는 일에 대하여 어떻게 기도해야 할지도 잘 모르겠습니다. 그러나 하나님의 은혜로 믿음을 가지게 되었으니 제대로 잘 믿어보고 싶습니다. 하나님은 저의 인생을 책임져주시는 분이시니 저는 하나님을 전적으로 의지하는 사람이 되었으면 좋겠습니다. 모든 일을 믿음의 선배들을 통하여 잘 배울 수 있도록 지혜롭게 만들어주옵소서.

항상 하나님의 은혜를 깊이 감사드리며, 우리의 주가 되시는 예수 그리스도의 이름으로 기도드립니다. 아멘.

제 12 과
교회에서는 어떤 일을 할까요?

　　　　　교회가 무엇인가를 살펴보았으면 이제 교회에서 어떤 일을 하는지를 알아야 합니다. 그 일이 어떤 것인지가 실제로 교회를 정의하는 것이니까요. 겉으로 볼 때에는 교회도 다른 종교단체들에서 행해지는 일들과 비슷해 보이는 일을 합니다. 예배하거나 찬양을 부르거나 기도를 하거나 서로 도와주거나 사회나 국가를 위해 일정한 역할을 합니다. 그렇게 보면 기독교도 여러 종교들 중의 하나일 것입니다. 그러나 종교에도 원본이라는 것이 있습니다. 겉으로는 비슷해 보이지만 꼭 들어가야 할 것이 들어가지 않고 핵심 곧 생명이 빠져있는 것이 다른 종교들의 모습일 수밖에 없습니다.

　　무조건 기독교만 옳다고 주장하는 것이 아닙니다. 문제는 그 종교의 대상입니다. 예배의 대상이 사람이거나 만들어낸 우상이라면 그것이 참 종교일 수 있겠습니까? 위인에 대한 존경과 참 신에 대한 믿음은 전혀 다릅니다. 교회에서 예배를 드리거나 기도를 할 때 이런 점을 확실하게 알고 행해야 할 것입니다. 살아계신 창조주 하나님께 예배드리고 기도하고 그분의 말씀을 생명처럼 여기면서, 이웃을 섬길 때에도 우리 자신을 내세우거나 사람을 의식하는 것이 아니라 오직 하나님께만 영광 돌려드리는 교회생활을 추구해야 한다는 말입니다. 교회에 모여서 사람들은 무슨 일을 주로 할까요?

1. 모여서 예배를 드립니다.

어느 종교에나 예배가 있습니다만, 교회 역시 창조주이신 여호와 하나님을 예배하는 시간을 가집니다. 이 예배는 교회에서 행해지는 가장 중요한 핵심과 생명이 되는 신앙행위입니다.

1 구약에서의 예배형식인 제사는 예수님이 오신 이후에는 어떻게 되었습니까? (히 10:11-12)

2 짐승의 피를 드리던 짐승제사는 어떻게 해서 신약의 예배로 발전되었습니까? (요 4:23-24)

3 직접 피를 드리지는 않지만 그 대신 예배에는 어떤 제사적인 요소가 들어가야 합니까? (롬 12:1)

4 하지만 교회에서 예배드리는 것으로 예배가 완성되는 것은 아닙니다. 무엇이 더 필요하겠습니까? (히 13:16)

2. 다함께 기도드립니다.

성도는 개인적으로 얼마든지 하나님께 기도드릴 수 있습니다. 그러나 교회를 중심으로 공동체의 기도를 드리는 것은 훨씬 중요합니다. 하나님은 교회를 통하여 천국으로 인도하시기 때문입니다.

1 그래서 예수님은 교회(성전)를 무엇하는 곳이라고 말씀하십니까? (마 21:13)

2 이미 성령님은 교회에서 무엇을 중심으로 신앙생활이 이루어지도록 하셨습니까? (행 2:42)

3 그러나 교회에서 다함께 기도하기 전에 성도들의 마음은 어디를 향하고 있어야 하겠습니까? (눅 18:14)

4 교회에서 모여서 공동체로 기도하지만 그 기도는 기본적으로 어떤 기도라야 하겠습니까? (마 6:33)

3. 성경을 가르치고 배웁니다.

예배 속에는 설교시간이 있어 하나님의 말씀을 대할 기회가 있습니다. 하지만 하나님의 말씀은 설교만으로는 결코 충분하지 못합니다. 말씀을 구체적으로 배우는 시간이 반드시 필요합니다.

1 초대교회에서는 어떤 사람이 예수님을 믿게 되면 먼저 무슨 일부터 합니까? (행 11:26)

2 사도 바울이 제자 디모데에게 강조하여 권면한 지시는 어떤 것이었습니까? (딤후 4:2)

3 그래서 교회에서는 어떤 지도자를 더욱 존경하고 따라가야 하겠습니까? (딤전 5:17)

4 교회는 주님이 재림하시는 그날까지 중단하지 말아야 할 것이 있습니다. 무엇입니까? (벧후 3:18)

4. 형제와 이웃을 사랑합니다.

기독교의 가르침은 예배나 기도만을 강조하는 것은 아닙니다. 하나님을 경배하고 말씀을 배우는 것과 동등한 정도의 이웃사랑을 가르치고 있습니다. 이웃의 1차 대상은 교회 안의 형제들입니다.

1 예수님께서는 성도의 가장 핵심적인 두 가지 의무를 무엇이라고 가르칩니까? (막 12:33)

2 이웃사랑의 삶을 살기 위해 교회에 모여서 무엇을 하게 됩니까? (행 2:46-47)

3 교회에서 일어나는 모든 일과 성도와의 교제는 어떤 기준에 충실하게 해야 합니까? (고전 13:3, 16:14)

4 성도가 형제와 이웃을 진정으로 사랑해야 하는 이유와 근거는 어디에 있습니까? (롬 8:35)

5. 섬기는 일을 합니다.

성도는 형제와 이웃을 사랑해야 하지만 그 사랑은 외적으로 나눔과 섬김의 형태로 나타나게 되어 있습니다. 그런데 교회 안팎에서 펼쳐지는 섬김은 예수님만의 독특한 가르침을 따라가야 합니다.

1 기독교의 섬김은 어떤 특징을 가져야 합니까? 누구에게 보여야 하느냐에 초점을 맞추십시오. (마 6:3-4)

2 그렇게 남모르게 섬겨야 하는 근거는 어디에 있습니까? (막 10:45)

3 예수님은 섬김의 기본자세를 분명하게 말씀하셨습니다. 어떤 자세라야 합니까? (막 9:35)

4 보이지 않게 섬겨도 세상은 교회와 하나님을 어떻게 평가하겠습니까? (마 5:16)

6. 교회에서 어떤 일을 해야 하겠습니까?

이상과 같이 교회에서 하는 일들을 구체적으로 살펴보았습니다. 예배와 기도와 말씀훈련과 이웃사랑과 섬김이었습니다. 교회를 인체로 비유한다면 예배는 심장과 같고 기도는 허파와 같고 말씀은 위장과 같고 이웃사랑은 혈관과 같고 섬김은 손발과 같습니다. 어느 것 하나라도 빠지면 건강한 몸은 아닐 것입니다. 교회가 건강해지려면 교회 안에서의 활동은 물론이고 교회 밖의 세상을 향한 섬김도 교회 안에서만큼 행해야 할 것입니다. 그래야 세상과 소통하고 복음을 효과적으로 전파할 수 있기 때문입니다.

1 당신은 교회가 어떤 일을 최우선적으로 감당해야 한다고 생각하십니까?

2 혹시 교회가 하는 일들에 대해서 오해하고 있던 부분이 있었다면 이야기해 보십시오.

마무리 기도

하나님 아버지, 참으로 감사드립니다. 이제 교회에 대해서도 구체적으로 살펴보았습니다. 신앙생활은 교회에서 시작하여 교회에서 끝나는 것 같습니다. 혼자서는 아무리 믿음이 좋아도 참된 신앙을 끝까지 지키기 힘들겠다는 사실도 알았습니다. 교회가 비록 사람들이 보기에 부족해보여도 하나님은 여태까지 그런 교회를 사용해 오셨음을 믿습니다. 하나님, 교회에서 행해지는 여러 가지 일들을 열심히 배우고, 그런 일에 동참하여 하나님의 일꾼으로 자라가기를 소원합니다. 하나님께서 성령님으로 하여금 저를 인도하시어 신앙생활을 제대로 할 수 있도록 도와주옵소서.

아버지, 교회에서 여러 가지를 잘 배우고 섬길 수 있기를 원하면서 제가 직장에서 과연 어떻게 기독교인으로 살아야 할지도 잘 모르겠습니다. 담임목사님과 지도자들에게서 잘 배울 수 있도록 하시고 사회에서 만나는 모든 순간에 제가 어떻게 말하고 행동해야 할지도 깨달을 수 있게 하시옵소서. 여태까지 세상에서 함께 어울리던 동료나 친구들 가운데에서도 어떻게 저의 신앙을 지켜나갈 수 있을지 가르쳐주시고 힘을 더하여 주옵소서. 그리하여 진실한 기독교인으로서 살아가는 데 부족함이 없도록 해 주시옵소서.

우리를 생명으로 인도해주신 우리 구주 예수 그리스도의 이름으로 기도드립니다. 아멘.